THE

5 秒法則

倒數54321，衝了！
全球百萬人實證的高效行動法
根治惰性，改變人生

SECOND RULE

TRANSFORM YOUR LIFE, WORK, AND CONFIDENCE WITH EVERYDAY COURAGE

梅爾‧羅賓斯 MEL ROBBINS 著　　吳宜蓁 譯

目錄

前言
「五秒法則」的真實故事

五秒法則是什麼、為什麼有效,以及世界各地的人們如何運用它,就在短短五秒內,改變自己的人生。

★ 書中描述的事件都是真實的。

★ 沒有人名被更改過。

★ 本書中出現的社群網站貼文,全都是真實的貼文。

我已經迫不及待要與你分享這本書,並看見你釋放真正的力量。

5.....4.....3.....2.....1, 衝了!

每天的勇氣

勇氣是一種能力，敢去做你覺得困難、
恐怖或不確定的事。

這不是只有少數人擁有的能力。
勇氣是與生俱來的，我們每個人都有，
而且它正在等待你發掘它。

一時的勇氣可以改變你的一天。一天就
能改變你的生命。而一個生命就能改變
世界。
這就是勇氣真正的力量，它讓那最佳版
本的你顯露出來。

發掘勇氣，你就有能力完成與經歷夢想
中的一切。
沒錯，甚至是改變世界。

PART

1

五秒法則

第 1 章
五秒改變你的人生

如果你正在尋找
那個能改變你生命的人，
看一下鏡子吧。

你即將要學習某樣驚人的能力，只需要五秒鐘就能改變你的人生。聽起來像花俏的噱頭，對吧？但這可不是噱頭，而是科學，我稍後會證明給你看。你一次用一個五秒鐘的決定改變你的人生，事實上，這是你唯一能改變的方式。

這是「五秒法則」的真實故事：它是什麼、為什麼有效，以及它如何改變了世界各地許多人的生命。這個法則很容易學習，而且影響力非常深遠，是改變所有事物的祕密。一旦你學會這個法則，就能立刻開始使用它，會幫助你每天帶著更大的勇氣去生活、去愛、去工作和發言。**只要使用一次，它就會在那裡陪著你，有需要時就能派上用場。**

　　我是在自己的人生中，所有事情都分崩離析的時期，發明出了五秒法則。而我說所有事情，真的是所有事情：我的婚姻、財務、事業和自尊，全都在陰溝裡，我的問題大到每天早上光是要起床都覺得折磨，而這項法則正是這樣開始發揮作用的——我邀請法則來幫助我打破不斷渾沌混日子的習慣。

　　七年前，當我第一次使用法則時，我覺得它很蠢，我根本不知道自己已經發明了一項強大的後設認知[1]技巧，可以徹底改變我人生、工作和自我意識的一切。

　　自從發現了五秒法則和五秒決定的力量，發生在我身上的事情簡直不可思議。我不只是覺醒了，甚至將自己的人生重新洗牌。我使用這項工具來控制和改善一切事物，從我的自信心到現金流、婚姻到事業，以及生產力到對孩子的教養。我從付不出支票，變成銀行裡有七位數字，原本常和先生吵架，到歡慶我們結婚二十週年。我治癒了自己的焦慮，建立又售出兩項小事業，被招募加入 CNN 團隊和《成功》（*SUCCESS*）雜誌，我現在還是世界上行程最滿的講者之一。我從未感覺如此快樂、自由、能掌控自己的人生，如果沒有這項法則，我根本

1　後設認知（metacognition），即思考自己的認知過程（包括記憶、感知、聯想等）。

不可能完成其中任何一項。

五秒法則改變了一切，教會我的只有一件事：如何改變。

使用這項法則，我把自己總是對枝微末節的事情想太多的傾向，轉變為採取行動。我使用五秒法則達到高度的自我監督，變得更能把握當下也更有生產力。這項法則教我如何停止懷疑，開始相信自己、自己的想法和能力。此外，法則也給我內在的力量，成為更好也更快樂的人，不為任何人，就是為了我自己。

這項法則對你也能有同樣的效果，這就是為什麼我會如此興奮的要與你分享。在接下來幾章裡，你會知道法則背後的故事、它是什麼、為什麼有效，以及支持它的科學證據。你會了解五秒法則和每天行動的勇氣，將如何改變你的人生。最後，你會學到可以如何運用 #5SecendRule，搭配有最新研究佐證的策略，變得更健康、更快樂、更有生產力、工作更有效率。你也會學到如何使用它來終止憂慮、管理焦慮、找到人生的意義，並且擊退所有恐懼。

還不只這樣，你將會看到證據，許許多多的證據。這本書裡充滿著社群網站的貼文和第一手的記述，來自世界各地的見證者，他們都用五秒法則讓美妙的事情發生了。沒錯，這項法則會幫你準時起床，但它真正做的是遠比這更驚人的事情——

它會喚醒你內在的天才、領導人、搖滾巨星、運動員、藝術家和變革管理人。

　　一開始學習這個法則時，你可以從透過它來遵守你的目標開始。你可以**使用法則來敦促**自己去健身房，就像瑪格麗特覺得「沒 feel」時做的一樣。

Margaret
@MRuvoldt

本來計畫今天要做的第一件事就是跑跑步機，起床後又覺得沒那種 feel，然後我想到 @melrobbins #5secondrule

　　你也可以**使用法則在工作場合更有影響力**。這就是馬爾第一次使用法則的方式——鼓起勇氣和老闆會面，談談他的職業目標（這是很多人都害怕的事）。幸虧有法則，不但實現了，而且結果很理想。

malzakmeh@mel_robbins，今天我往前邁了一大步，去跟我老闆聊了我的下個目標，而他完全支持我。 #5secondrule! 謝謝你 @mel_robbins

這是法則的另一個獨特之處，雖然是我發明了它，但這裡不只有我的例子。在本書中，你會看到世界各地各行各業的人都在使用這項法則，不論範圍大小，就這樣確實掌握了自己的人生。他們形形色色的經驗會幫助你了解，這項法則的應用是沒有限制的，而且好處千真萬確。

你可以運用法則變得更加有生產力。蘿拉在使用五秒法則之前，她總是會擬定長到不行的待辦清單，然後就空坐在那邊找藉口，不斷貶損自己。現在，蘿拉的人生裡可沒有多餘空間可容納藉口了，只有確實的行動。蘿拉已經讓她的現金流一個月增加四千美元，完成了學士學位，還健行了好幾座四千英尺的高山。下一步，她要去跑馬拉松。

 Laura

之前那個冬天時，我聽過你的演說，你告訴我要停止貶損自己，然後這成真了！謝謝你把我心裡的那個壞嘴混蛋趕出去！

2015
拿到學士學位
~~增加現金流4000美元~~
完成4000英尺高山健行

跑馬拉松
找新的 Reemmode

　　你可以使用法則跨出自己的舒適圈，讓人脈網絡變得更有效。肯學到五秒法則的那一天，就將法則用在專案管理組織（RMI）全國會議上，去認識「有權有勢的人」，馬修將法則用在遊說高階管理人，而艾倫將法則用來認識美國職業高爾夫球（PGA）巡迴賽中「一群我可能根本不會認識的人」。

 Ken Riches @Buckoclown1
@melrobbins 真的很喜歡你星期六在 PMI 北美領導力學會中的演講，自那之後，我已經使用五秒法則三次以上了！

 Mel Robbins @melrobbins
@Buckoclown1 你怎麼使用的呢 ?!

 Ken Riches
@Buckoclown1

@melrobbins 去跟有權有勢的人自我介紹時用了兩次，還有一次用在今天早上起床，完成了一大堆工作。

Matthew Smith

@melrobbins 代表朋友寫了幾封電子郵件給高階管理人，想要取得正式訪問。他們回信了而且一切順利。五秒法則贏了！

Alan
@TheIdOfAlan

@melrobbins 在 PGA 巡迴賽中表現得太棒了！我已經使用了五秒法則，藉此認識了一群我可能根本不會認識的人。#GoodStuff

你也可以使用法則來自我監督和控制情緒。潔娜是一位母親，對待小孩時，她運用法則讓「耐心取代火氣」。她也把法則用在新的直銷事業中，當成一種銷售工具。法則幫助她不再去想推銷有多麼「恐怖」，給她勇氣直接開始銷售。

嗨梅爾！我最近剛把五秒法則付諸實行，我開始運用在自己生活中的兩個部分，一個是跟我的小孩，變得有耐心而不是對他們發火。我覺得它讓我在直接發脾氣之

前，給了我多餘的五秒鐘，整理自己的念頭。還有在我的 Yoli 直銷健康事業上，我花五秒鐘單純去問、單純去跟某個人說話，然後再聊我的事業。就像你說的，去想他們的答案，而不是去想推銷這件事有多恐怖。只要花五秒鐘去做，而不是去想！我真的好開心能跟你本人說話！這太棒了！謝謝你！我打算繼續把五秒法則運用到生活中更多我想要努力的部分裡！希望你有個美好的一天！

Jenna

有些全球知名品牌的執行階層們，把這項法則用來幫助管理改革、提升業績、整合團隊、進行創新。以聯合服務汽車協會（USAA）的克麗絲朵為例，她的整個銷售團隊都在使用五秒法則，結果非常優異，他們已經躍升為「區域的第一名」。

Crystal

我讓 USAA 的整個團隊都使用五秒法則，目前我們已經成為區域的第一名，而我們的目標是要成為全公司第一名！這是你寄給我的其中一張表格，我還有很多要繼續遵守的。

#5SecondRule 五秒法則學習起來非常容易，對自信心又非常重要，所以現在全球有很多像馬司這樣的經理人，都在教他們的團隊。

Muz @muze63
今天早上全體，員工都在認真看 @melrobbins
很棒的 #TEDtalk，#motivation #5secondrule。
謝謝你，梅爾 :)

你也會受到接下來這些人的例子啟發，他們找到勇氣，停止過度思考，開始把自己的想法付諸行動。馬克，數十年來一直在想要為內城區（注：比較貧窮的地區）的孩子們成立一個非營利的冰上曲棍球隊，使用法則之後，終於把想法「從腦中拉出去」並「變成行動」。他現在和前奧林匹克運動員與國家冰球聯盟（NHL）的退役選手，一同辦了營隊、診所和球隊。

Mark
觀看檔案

1980 和 1990 年代之間的大部分時間，我都在國家冰球聯盟工作。因為這項運動對許多家庭來說太昂貴而不切實際，所以內城區的孩子們沒什麼機會接觸它，我一直覺得很可惜。

我也一直有個想成立曲棍球隊念頭，把一般的曲棍球普及到內城區。但每次我有這個念頭，就會「緊急煞車」，從來沒有真正去實行。

到了 2013 年，我看到梅爾‧羅賓斯的 TED 演講，在 21 分鐘演說中的第 19 分鐘時，她介紹了「五秒法則」。

賓果！

我立刻把內城曲棍球計畫從腦中拉出來，付諸實行。很快，我有了美國前奧林匹克運動明星大衛‧詹森（David A. Jensen）和波士頓棕熊隊退役隊員的幫忙，一同創立「街上曲棍球」計畫，現在還在新英格蘭的許多市郊地區舉辦營隊、診所和球隊。

隨著計畫持續拓展，數千名市郊的孩子未來都有機會體驗到曲棍球這項很棒的運動。但如果我繼續「緊急煞車」，這一切都不可能實現了！

http://www.dajhockey.com/summer-2016-urban-street-hockey-program.html

2016 夏季市區街上曲棍球計畫
麻薩諸塞州保護與娛樂部門……

法則也是戰勝成癮與憂鬱的強大工具。比爾從 Reddit 論壇看到了 #5SecondRule，那正是「對的時間、對的地點、對的訊息」。他開始使用法則中的「倒數技巧」戒酒，而效果「太驚人了！」他才剛在完全清醒的狀況下慶祝 40 歲生日。

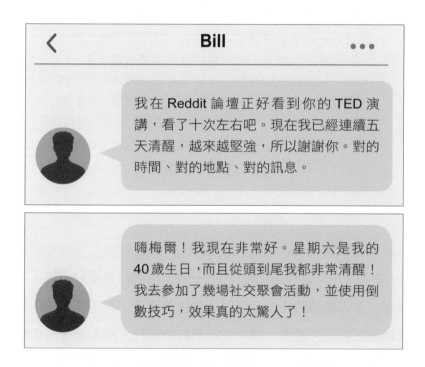

法則甚至能夠救你一命。我有個同事最近剛走出來，跟我分享了一個充滿傷痛的 #5SecondRule 五秒法則故事。他跟妻子離婚之後，他嚴重憂鬱，狀況糟糕到他「考慮自殺」。在他

最低潮的時刻，他使用了法則「放下並請求協助」。藉著倒數 5-4-3-2-1，他找到勇氣，停止鑽牛角尖，尋求幫忙，救了自己一命。

梅爾，希望一切都好，我這陣子一直想寫信給你。你知道我聽你的演講好幾次，我們一起出去，我也實踐你的一些「貼文」，我知道你做的事情很有意義。一年前，我跟我太太離婚了，我一直過得非常不好，糟糕到我已經考慮自殺，但在我最低潮的時刻，我對自己說 5-4-3-2-1，放下並請求協助。我現在過得很好了，生活很順利，我也重新找到自己的目標。從沒懷疑過你做的事情，以及你創造出的改變。5-4-3-2-1，走出去，有個美好的一天。謝謝你。

我自己使用這項法則已經超過七年，也收到世界各地的人給我的回饋，我現在很清楚，**每一天，我們都會碰到困難、不確定、令人害怕的時刻，你的人生需要勇氣，而這正是法則能幫助你找到的：勇氣，讓你成為最好的自己。只不過是一個簡單的工具，怎麼能在這麼多地方揮發強大的力量呢？**

好問題。其實 #5SecondRule 五秒法則只有在一樣東西上發揮作用，那就是你。你的內在有偉大的力量。即使在你最低

潮的時刻，偉大力量依然存在。法則會給你明晰去傾聽偉大的力量，也會給你勇氣把它發揮出來。

使用法則後，我找到勇氣去實踐我已經想了好幾年、找了無數藉口不做的事。**唯有行動，才能釋放內在的力量，成為我一直想成為的那種人。**而我在電視、網路和演講台上表現出的自信，就是我所謂的「真自信」。

我是透過學習如何以行動榮耀我的直覺，讓這些想法得以在真實世界中實現，進而培養出真自信的。我刻意使用「榮耀」這個詞，因為當你使用法則，你做的就是這樣的事，你在榮耀自己，讓想法得以勝出。而每次你使用法則時，就距離你真正應該成為的那個人又更近了一步。我從那種只是想想的人，改變成為有自信說出口、採取行動，並追求想法的人。如果你持續使用法則，就是在以行動榮耀你的直覺，同樣的轉變也必定發生在你身上。

瑪洛就發現運用法則來改變自己有多容易。學會法則之後幾天，她運用法則停止繼續想著要去報名上課，而確實去報名了，那是她「好長一段時間以來，一直想要做，但一直找藉口不做」的事。

Marlowe

梅爾！我是參加九月十四日多倫多亞洲教育研討會，成功者團隊中的一員，我有聽你在研討會上那場改變人生、撼動世界的演說。我才剛開始看你的書，完全欲罷不能。事實上，我是有一天晚上在床上看你的書，才看不到一半，我就把書放下來，起身開車到約克大學，報名了一些課程，那是我好長一段時間以來，一直想要做，但一直找藉口不做的事。一旦你完全理解自己的能力，開始督促自己去做時，事情就變得那麼簡單，簡直到了不可思議、滿心讚嘆的地步。我愛你，我也愛你的書！你的智慧必須被分享到世界上每個角落，你在那麼短的時間內，就真正改變了我的人生，而且我甚至沒辦法形容，那種覺得自己能掌控一切的感覺有多棒。我真心希望你很快再出下一本書。真心的喔──一個滿心感激的粉絲。

每個人都必須了解，一旦你確實去嘗試了，事情居然就是那麼要命的簡單。我自己就非常震驚，所以我覺得有必要分享出來，我知道你應該每天都聽到這樣的故事，

但坦白說，我真的是一直拖延，好多年都沒去報名最後那兩堂課。看你的書看到一半時，我就想，我到底是在等什麼？我要做的就只有上車，開三十分鐘去報名，這樣而已啊，於是我就做了。然後，我最近又報名了秋季和冬季的課程，我覺得很有挑戰性，但很開心！我知道一旦完成這件事，我就會去尋找下一個要實踐的目標，而我終於覺得自己有在做一些對自己有益的事情，更棒的是，原來我自己就有這股驅策力，這感覺太棒了。能夠親耳聽到你的演講真是殊榮，真的！你啟發了我。

如瑪洛說的：「**一旦你完全理解自己的能力，開始督促自己去做時，事情就變得那麼簡單，簡直到了不可思議、滿心讚嘆的地步。**」

她說的沒錯，一旦你開始使用法則來停止空想，開始行動，你就會「震驚」發現，做個五秒鐘的決定，然後改變一切，竟然就這麼簡單。

隨著我在生活中越來越常使用法則，發現自己整天都在做一些會牽絆自己的小小決定。在五秒鐘內，我會決定要保持沉默、等待、不要去冒險。我曾有行動的直覺，但五秒鐘之內，

我的大腦就會用懷疑、藉口、擔憂或恐懼去殺了那個直覺。**我正是問題所在，而在五秒之內，我可以督促自己去解決問題。**改變的祕訣其實一直都在我面前：五秒鐘的決定。

你有沒有看過美國作家大衛・福斯特・華萊士（David Foster Wallace）2005 年在凱尼恩文理學院（Kenyon College）畢業典禮上的演講？如果你沒有看過或讀過這篇演講，可以在 Youtube 上面找到，而且絕對值得花二十分鐘去看。

影片裡，華萊士走到麥克風前，先講了這則笑話：

有兩隻年輕的魚游在一起，牠們遇到一隻較年長的魚從對向游過來，並對牠們說：「早安，孩子們，今天水如何啊？」

兩隻年輕的魚又繼續往前游了一陣子，其中一隻終於忍不住看向牠的同伴，並說：「水到底是什麼啊？」

你可以聽見影片裡的觀眾在笑，接著華萊士解釋這個魚故事的重點，就是「最明顯、最重要的現實，通常都是那些最難被看見與談論的。」

對我而言，最難看見與談論的事情，就是改變的本質。我一直都很想知道，為什麼要自己去做那些，為了拓展事業、

豐富人脈、變得健康、改善人生而應該要做的事，會那麼困難呢？發現 #5SecondRule 五秒法則給了我無價的解答：改變來自你每天需要用來做五秒鐘決定的勇氣。

距離完全不同的人生，你只差一個決定

我所學到的關於改變的一切，以及每天勇氣的力量，在本書中都會與你分享。你一定會熱愛你即將學到的東西。最酷的地方是，當你開始使用法則，親眼看到結果時，你不只會覺醒，理解到一直以來你對自己的阻礙有多大，你還會喚醒那一直存在你內在的力量。

你在書裡讀到的這些故事，你可能會發現，你之前就用過 #5SecondRule 五秒法則了。如果你回顧自己的人生，想想某些最重要的片刻，我敢保證，你一定曾經單純跟從直覺，做出改變生命的決定。就在五秒鐘之內，你做出了我所謂的「心優先的決定」。**你忽略自己的恐懼，讓勇氣與自信替你發聲，五秒鐘的勇氣就能改變一切。**

看看凱薩琳，當她第一次從公司的執行領導力會議中學到 #5SecondRule 五秒法則時，她才明白，自己已經運用法則做出一個人生中最重要的決定，只是當時的她並不了解而已。1990

年時，她的姐姐崔西喪生，而凱薩琳就直接趕回家幫忙。那個
時刻，「一個五秒鐘的決定」不只改變了她的人生，「也改變
了許多人的生命」。她決定替崔西扶養「兩個倖存的小孩」。

 Marlowe

嗨梅爾：

我等不及要看你的書了，它讓我懂得珍惜
所有跟從直覺而產生的美妙事物。1990
年時，崔西被她的先生謀殺，她兩個倖存
的小孩，丹四歲、川迪才十八個月。我回
家去幫忙處理孩子的事……我還記得那天
走進去時的狀況，我從未見過他們，但川
迪朝我走過來還抱了我。

一個五秒鐘的決定，就是撫養他們、領養
他們、結婚、生第三個孩子，而現在，我
已經是川迪那三個小孩的祖母了。五秒鐘
的決定不只會改變你的人生，也改變了許
多人的生命。我現在終於明白「不假思索」
真正的意義了，你的心會先說話，就聽從
它。謝謝你給的啟發，原來我也有一個故

事可以説。

永遠的粉絲
凱薩琳

我很喜歡她形容這決定是「不假思索」的，因為當你以勇氣去行動時，不是大腦要你怎麼做，是你的心先開口，而你聽從。這個法則會教你怎麼做。

要發現你內在的力量，需不需要經過一些努力呢？確實要。不過就如先前瑪洛說過的，當你確實做了，「事情就變得那麼簡單，簡直到了不可思議、滿心讚嘆的地步。」

努力去改變你的人生其實很簡單，你可以做到，而且絕對是你想做的，因為它才是人生中最重要的事情。這件事情就是學習去愛，夠相信自己，不再等待，並開始靠近你人生、工作和人際關係中蘊含的所有神奇力量、機會和喜悅。

我很期待聽到你開始使用 #5SecondRule 五秒法則後，發生什麼樣的事。不過我要先說，在我們開始談論所有運用法則的絕妙方式之前，我必須先帶你回到 2009 年，說明一下一切是如何開始的。

勇氣 名

courage
/ˈkʌr.ɪdʒ/

- 去做困難或可怕事情的能力
- 跨出你的舒適圈
- 提出你的想法、說出口或做出來
- 對自己的信念和價值觀堅定不移
- 在某些日子裡……起床就是勇氣了

第 2 章
我怎麼發現五秒法則的

「勇氣會出現在最不可能的地方。」

——托爾金（J.R.R. Tolkien）

　　一切都始於 2009 年，那年我 41 歲，正面臨許多重大困境，包括金錢、工作和我的婚姻。我每天早上一醒來，唯一的感覺就是絕望。

　　你曾有過那種感覺嗎？那是最糟的感覺了，鬧鐘響了，但你一點都不想起來面對這一天。又或者，你晚上躺著但睡不著，不停煩惱所有問題，頭腦轉個不停。

　　我就是那樣，持續了好幾個月。我覺得自己被所有問題淹沒，根本連起床都做不到。早上六點鬧鐘響起，我會躺在那，想著眼前的這一天、房子的留置權、負債、失敗的事業、怨恨我的先生……然後我就會按下貪睡鍵，不是一次，而是一次又一次的按。

　　一開始還沒什麼大不了，但就跟所有的壞習慣一樣，隨著時間過去，它就像雪球一樣越滾越大，變成會影響一整天的大問題。等到我終於爬起來，孩子們已經錯過校車，我就覺得自己的人生很失敗。大部分的日子我都很疲倦、總是遲到，感覺自己喘不過氣了。

　　我甚至連這怎麼開始的都不曉得，只記得自己無時無刻都覺得挫敗。我的職業生涯陷入谷底，過去十二年內。我換工作的次數多到我都發展出多種性格了。從法學院畢業之後，我在紐約市的犯罪防禦法律援助協會擔任公設辯護人，開始法律工作生涯。接著遇見我的先生克里斯，我們結婚，搬到波士頓，這樣他就能夠繼續念 MBA。在波士頓，我在大型法律機構上班，工作總是超時，每天都覺得很悲慘。

　　女兒出生之後，我利用產假期間尋找新工作，就這樣進入波士頓的新創公司。那些年，我先後在幾間科技新創公司中服務，工作非常有趣，我也學到很多，但我從不覺得科技業是適合我的行業。

　　我請了一名職涯諮商師，幫助我尋找「我的人生到底做什麼」，跟諮商師往來的經驗，讓我也開始想要成為一名諮商師。因此，就像大部分人一樣，我白天工作，回到家之後專心帶小孩，晚上讀書以取得我需要的證照。最後，我也開始了諮商師

的生涯。我非常喜歡這個工作，如果不是媒體業機會的出現，我現在可能還在當諮商師。

我的媒體業生涯是僥倖開始的。《Inc.》雜誌刊登了一篇文章，描述我的職涯諮商事業，剛好有一位 CNBC 電視台的主管看到，就打電話給我。那一通電話帶來了多次面談，經過幾個月的試用，我得到了 ABC 電視台的「發展協議」，還有天狼星衛星廣播公司（Sirius）的一個 call-in 廣播節目。

聽起來很厲害，實則不然。我很驚訝地發現，原來大部分的發展協議給的薪水低到幾乎等於沒有，而廣播節目給的甚至更少。現實中，我是三個小孩的媽媽，要開車來回紐約，睡在紐約朋友家的沙發，另一方面還要繼續擔任諮商師，才能維持收支平衡，必須非常依賴朋友和家人替我照顧孩子，然後做盡一切能讓這些都順利進行的事。

在媒體產業中掙扎幾年後，我有了「大突破」，要在福克斯（Fox）電視主持一個實境節目。當時，我一直覺得，成為電視明星，我就可以一下子解決所有的財務問題。實在是個笑話。我們錄製《某人必須走人》（Someone's Gotta Go）的節目，拍了幾集之後，電視台就擱置了這個節目。突然之間，我的媒體職涯碰壁了。只有繼續拍攝，我才會有薪水，所以我等於是失業，又被合約綁住，十個月內都不能再去做其他媒體的工作。

那個時候，克里斯念完了 MBA，和他最好的朋友合夥，在波士頓開了一間薄脆披薩餐廳。一開始，一切都非常順利，第一家店大受歡迎，他們的餐廳獲得雜誌評選為波士頓最佳店家之一，得了好幾項當地的獎項，而且披薩超級美味。他們開了第二間餐廳，然後在一家大型連鎖商店的鼓舞下，又開了批發商店。表面上看起來，生意好像非常興隆，但從收支表上看來，成長已經逐漸停滯。他們擴張得太快，第二間餐廳並沒有做起來，但批發商店還需要更多現金才能順利經營。所有事情一下子變得很可怕。

就像許多小型企業的老闆一樣，我們已經把房屋拿去貸款，畢生的積蓄也都投入餐廳事業中，結果一切消失殆盡。我們已經沒有存款，房屋的信用貸款也都用完了，克里斯沒有收入的幾週以後，房屋開始面臨留置的問題。

我沒有工作，克里斯的事業又面臨困境，財務壓力不斷攀升。可怕的律師信天天報到，我們該付的支票一張張跳票，要錢的電話沒完沒了到我們只好拔掉電話線。當父親寄錢來讓我們支付抵押款時，我實在又感激又羞愧。

因為太多親戚朋友都有投資這家餐廳，所以在外面時，我們還是盡量保持看起來沒事的樣子，但這樣只是讓壓力更大。克里斯和合夥人沒日沒夜地工作，要挽救餐廳。我試著表現出

正面積極的模樣，但我心裡無法承受、難堪又害怕。我們的財務問題正在分化我們，我怪罪他的餐廳，他怪罪我去追求媒體事業。其實，我們都有錯。

不管你的人生看起來有多慘，你總是可以讓它再更慘下去，我就是這樣。我喝很多酒，多到很誇張。我嫉妒那些不必工作的朋友，我尖酸刻薄處處批評。我們的問題看起來那麼嚴重，我乾脆說服自己說我已經無能為力。但同時，在外面，我還是繼續假裝一切安好。

我自憐自艾、怪罪克里斯和他那出問題的事業，遠比仔細看看自己並振作起來容易多了。對我當時的感覺，最適當的形容方式就是被「套牢」了。我覺得被自己的人生和我做過的決定套牢了，被我們的財務問題套牢了，也被跟自己的各種掙扎套牢了。

我知道我該做什麼或可以做什麼，來讓這些事物好轉，但我就是沒辦法做到。這些都是很小的事情，像是準時起床、對克里斯好一點、尋求朋友的幫助、少喝酒，還有好好照顧自己。但知道你需要做什麼，並不足以讓你改變。

我想要去運動，但我沒去；我想要打電話給朋友聊聊，但我沒打；我知道如果我試著在媒體業以外的領域找工作，就會有幫助，但我就是沒有動力去找。回去當諮商師也讓我覺得很

不自在，因為我覺得自己正是個失敗者。

我做的事，就只有花很多時間思考，而思考讓一切更糟糕。我越去想現在的處境，就越覺得害怕。這就是當你把注意力放在問題上時，大腦會做的事情，它會擴大那些問題。所以我越想，就越覺得不安、無法承受；越思考，就越動彈不得。

每天晚上，我都會喝幾杯酒，讓自己的情緒舒緩一點。然後我就會醉醺醺或昏昏沉沉地爬上床，閉上眼睛，去夢想一個不一樣的人生，一個我不需要工作，而所有的問題都奇蹟般消失的人生。但我醒來那一刻，就得面對現實：我的人生是一場夢魘，我已經 41 歲了，失業、財務窘迫、有酗酒問題，而且對自己或先生解決這些問題的能力，一點信心也沒有。

這就是貪睡鍵出現的時刻，每天早上，我都會按……兩次、三次或四次。按下貪睡鍵的時刻，就是每天唯一覺得自己可以掌控一切的時刻，那是一種蔑視與反抗的行為，就像我是在說：

「噢，是嗎？！人生，你看著吧！去你的！我才不要現在起床，我要繼續睡覺，所以就這樣！」

等到我終於起床時，克里斯已經出門到餐廳去忙了，孩子

們著裝準備的進度不一，而校車老早就走了。要說每天早上都很混亂，還算是客氣的說法，那根本就是大災難。我們全都遲到了，我忘記拿午餐、書包、體育課的包包、學校通知單，就這樣慌亂的衝出門。每天都有這麼多失誤，讓我覺得很羞愧，而這種羞愧的感覺只是更加把我推到崩潰邊緣。

最讓人受不了的是，我知道要讓一天順利開始，我必須做哪些事情：準時起床、做早餐、把孩子們送上校車，然後我得去找工作。就這樣，又不是說我必須爬上聖母峰，然而，「這些都很簡單」的事實，只是讓一切更加糟糕而已，因為我根本沒有藉口能解釋自己為什麼做不到。

我的自信心落入了死亡螺旋，如果我連準時起床都做不到，我怎麼可能相信自己有辦法解決克里斯和我財務與婚姻問題？回頭望，我看得出自己正在失去希望。

你是否曾經注意到，為什麼那麼小的事，感覺起來卻那麼難呢？我聽過數千個分享的經驗，我知道我不是唯一有這種感覺的人，接下來的困難事物清單，令人驚訝的放諸四海皆準。

在會議中發言	出席同學會
保持積極	在社群媒體上封鎖前任
做決定	跟某個你覺得很有魅力的人說話
撥出一些時間給自己	站到舞池上
詢問回饋	出版你的作品

舉手	去健身房
要求提升職位	適量飲食
停止自我懷疑	説「不」
好好寫履歷	尋求幫忙
按下電子郵件的「送出」鍵	放下防衛
嚴格執行計畫	承認你錯了
走出家門	傾聽
自願走第一個	

以我為例，困難的事情就是準時起床。每天晚上躺在床上時，我都會對自己許下承諾，說明天我一定會改變。

明天，我會改變。明天，我會早一點起床。明天，我會態度好一點、更努力一點，我會去健身房，我會對先生好一點，我會吃健康的食物，我不會喝那麼多酒。明天我就會是全新的自己！

就這樣，帶著美好的想像和滿滿的希望，我會將鬧鐘設定在早上六點，然後閉上雙眼。但到了隔天早上，那個循環又開始了。鬧鐘響起的瞬間，我一點都沒有「全新自我」的感覺，我覺得自己還是原來的我，而原來的我只想要繼續睡覺。

沒錯，我想過要起床，然後我會遲疑，轉向鬧鐘，按下貪睡鍵。**只需要短短五秒，我就能讓自己放棄一切。**

我不起床的原因非常單純：我就是沒有想做的感覺。我

後來才知道，我是陷入研究人員所謂的「習慣迴路」中，我持續每天早上按下太多次貪睡鍵，使得這種行為變成封閉的迴路模式，刻印在大腦中。

然後有一天晚上，一切都變了。

我當時正準備要關掉電視、上床睡覺，突然有個電視廣告吸引了我的注意。螢幕上是火箭要發射的畫面，我聽到熟悉的五秒倒數：5-4-3-2-1，發射，煙霧布滿整個畫面，火箭就這樣升空了。

我心想：「就是這樣，我明天早上就要把自己從床上發射出去……跟火箭一樣。我的動作要快到根本沒時間讓自己放棄。」那只是一個直覺，一個我大可以輕易置之不理的感覺。幸運的是，我沒有，我照做了。

事實上，我很想解決問題，我不想要毀掉婚姻，也不想繼續覺得自己是世界上最糟糕的媽媽。我希望財務有保障，我想要再度感到快樂、為自己驕傲。

我迫切想要改變，只是不知道怎麼做

這就是我故事中的重點。**想要把自己從床上發射出去的直覺，是我的內在智慧在說話，而傾聽它就是轉捩點，跟從它**

的指示改變了一切。你的大腦和身體會傳送訊號給你，要你清醒並注意。把自己從床上發射出去的念頭，就是這樣的例子。你的直覺在當下可能有點愚蠢，但當你確實用行動去榮耀它們時，就能改變你的人生。

關於根據你的直覺去行動這件事，可不只是「相信你的直覺」這句口號而已。根據亞利桑那大學與康乃爾、杜克大學共同合作的新研究中指出，你的大腦和行動的直覺之間有強烈的連結。當你設定一個目標，大腦就會列出一張目標清單。只要你接近可以幫助你達成目標的事物時，大腦就會發出直覺，給你訊號去完成目標。我舉個例子好了。

比如你設定了一個要變得更健康的目標。如果你走進客廳，不會有任何事發生。不過如果你經過健身房，你大腦的前額葉皮質就會活躍起來，因為你接近了和「變健康」有關的事物。隨著你走過那間健身房，你會覺得你應該要運動，那就是一個提醒你達成目標的直覺，那就是你的內在智慧，留意那個直覺非常重要，無論那個直覺有感覺多渺小或愚蠢。

潛意識中，我的大腦在傳送訊號給我，要我注意那則火箭發射的廣告。在那五秒鐘裡，我的大腦傳送了一系列非常清楚的指示：

　　注意火箭發射的畫面，梅爾，抓住那個想法，相信它，並且去做，不要停下來思考，不要勸自己放棄，明天早上就這樣把自己從床上發射出去。

　　這就是使用五秒法則時，我學到的其中一件事。**只要和你的目標、夢想，以及改變人生有關的事情，你的內在智慧是個天才，那些與目標相關的靈光一閃、衝動和直覺，都在那裡準備引導你，你必須學習信任它們。**因為如同歷史中的許多例子，你不會知道最偉大的靈感何時會發生，也不會知道如果你夠相信自己而去執行了，那件事能產生什麼樣的結果。

　　世界上許多最實用的發明，就是這樣出現的。1826 年，約翰・沃克（John Walker）發明了火柴，他當時使用一根小木棍攪拌一壺化學物質，而當他試著把木棍尖端沾到的化學物質刮除時，它就點燃了。他跟隨著直覺，試著重新製作這樣東西，火柴就這樣發明出來了。1941 年，喬治・麥斯楚（George de Mestral）發現薊草的芒刺很容易黏在他家狗的毛上，而發明出魔鬼氈。1974 年，亞特・富萊（Art Fry）產生了便利貼的想法，因為他需要一張書籤，可以一直留在詩歌樂譜上到星期天的教會服務，但移除時又不會傷到樂譜的紙張。

　　連星冰樂也是這樣出現的。1992 年，加州聖塔莫尼卡一

間星巴克的副理，發現天氣很熱時銷售量就會下降。他有個直覺，要做一種冰涼的飲料，於是就跟從這個想法，去要了一台果汁機，試驗了一些配方，然後給副總裁試喝。一年後，第一種星冰樂就在他的分店推出了。

　　只要和改變、目標、夢想有關的事情，你就必須信任自己。這種信任就傾聽改變的直覺開始，並且透過行動去榮耀你的直覺。我很感激自己聽進了那個把自己當火箭一樣從床上發射出去的傻想法，因為我人生中的一切，都因那個想法而改變了。之後的事情是這樣的：

　　隔天早上六點，鬧鐘響起，而我的第一個感覺就是糟透了。當時天色昏暗、天氣很冷，那是波士頓的冬天，我一點都不想起床。我想起火箭發射的事，立刻覺得真是有夠蠢。然後，我做了一件我從未做過的事：**我忽略我的感覺，我不去想，直接去做必須做的事情。**

　　我沒有動手去按貪睡鍵，而是開始倒數。

　　5……4……3……2……1！

　　然後我站起來。

　　就是那個瞬間，我發明了 #5SecondRule 五秒法則。

五秒法則

為了目標而產生行動的瞬間，你必須

5-4-3-2-1

讓身體動起來，
否則大腦就會阻止你。

第 3 章
使用它會有什麼效果

「一個人生來是什麼樣並不重要，
重要的是他們會成為什麼樣的人。」

—— J・K・羅琳

　　我第一次使用法則的那天早上，對這麼愚蠢的事居然有用，驚訝的程度就跟你差不多。倒數五秒？ 5-4-3-2-1……認真的嗎？我不知道它為什麼有效，只知道它就是有效。好幾個月以來，我一直苦於無法準時起床，突然之間 #5SecondRule 五秒法則讓改變行為變得如此簡單。

　　後來我知道，當你倒數時，等於是在心裡幫大腦換檔。你打斷了既定的思考模式，做了心理學家所謂「堅稱控制」（assert control）。倒數會讓本來要找藉口的你分心，專注於移動往新的方向去。當你不再是停在那邊思考，而是身體動起來時，你的生理狀態會改變，而思想就會跟著改變。在為本書進行研究

的過程中，我發現法則（以研究習慣方面的語言來說）是一種
「起始儀式」，會活化前額葉皮質，幫忙改變你的行為。

　　前額葉皮質是大腦的一個部分，當你專注、改變或進
行審慎思考過的行動時，所使用的部位。我以前就知道前額
葉皮質是什麼，但後來經過一番學習，才認識基底核（basal
ganglia）、習慣迴圈、活化能量、行為彈性、認知偏誤、神經
可塑性、進步的原則，以及心理學的控制點。我當然並不知道
自己發現了一項跟前述那些都有關係的技巧。

　　隔天早上，我又再次使用法則，而它也再次發揮了效果。
接著最有趣的事情發生了，我開始整天都能感受到各種五秒的
瞬間，就像我掙扎著準時起床的那樣。如果我停下來想那些我
知道自己必須做的事情，我就完了。不到五秒鐘，藉口就會淹
沒我的腦袋，大腦就會阻止我去做。

　　隨著你開始運用法則，你也會發現，在最初的行動直覺出
現和大腦阻止你之間，有五秒鐘的空窗。看到這五秒鐘的空窗
改變了我的一切。**問題非常清楚，就是我，我在牽絆自己，一
次五秒鐘**。

　　所以我對自己許了一個很簡單的承諾：如果我知道自己應
該做某件可以讓我變得更好的事，那麼就要使用法則催促自己
去做，不管我感覺如何。我開始使用法則來敦促自己，除了早

起之外，還有去健身房、找工作、少喝酒，以及當個更好的媽
媽和太太。

如果我開始覺得太累不想運動，我就
5-4-3-2-1，要自己走出家門去慢跑。
如果我開始倒我不應該喝的酒，我就
5-4-3-2-1，放下那個波本酒瓶，立刻走開。
如果我覺得自己對克里斯態度很差，我就
5-4-3-2-1，修正自己的語調，要自己和善一點。
如果我發現自己在拖延，我就
5-4-3-2-1，坐下來開始認真寫我的履歷。

**我所發現的東西非常強大：要自己去採取簡單的行動，會
對你的自信和生產力造成一連串反應**。透過督促自己做一些讓
生活前進的簡單步驟，你就能產生動力，體驗到一種難以確切
形容的、有自由與力量的感覺。瑞秋發現準時起床這種「簡單
的步驟」，會「開啟一連串事件」，使得她減了「30 磅（約
14 公斤）、買下第一間房子，還替婚姻注入新活力」。

From: Rachel

訊息本文：

雖然我們從未見過，但你幫助我改變了我的人生。
自從幾個月前看了你的 Ted Talk，到現在我已經減了
30 磅、買下第一間房子，還替婚姻注入新活力。我
不知道你是不是真的會看到這封信（我猜你一定有
一大堆信件），但是我必須為了提早 30 分鐘起床這
個簡單的挑戰而謝謝你，這個簡單的步驟開啟了一
連串事件，讓我完全不一樣了。

　　瑞秋使用「注入新活力」這個詞，而這正是法則的作用。
瑞貝卡也有同樣經驗，藉由使用法則倒數 5-4-3-2-1，督促自己
動身去做些小事情，她便突破了心理牢籠，再也不會被困在癱
瘓狀態中，瑞貝卡覺得「47 年來，第一次體會到**自由！**」

Rebecca

47 年來，我終於第一次體會到**自由！！**

我第一次**相信自己**……第一次**愛我自己**！

心理學中有個很重要的概念，由朱利安‧羅特（Julian Rotter）於 1954 年提出，稱為「控制點」（locus of control）。你越相信自己能掌控自己的人生、行動和未來，你就會越快樂也越成功。有一件事保證能夠增加你對掌控人生的感覺：採取行動。

別管激勵了，那只是個迷思。我不知道從何時開始，我們全都相信如果要改變，你必須先「感覺到」渴望，或「感覺到」受激勵去行動。那都是垃圾話。**到了你該拿出行動證實自己的那一刻，你根本不會覺得受到激勵。事實上，你根本不會覺得想去做任何事**。如果你想要改善自己的人生，你就得自己振作起來逼自己行動。用我的話來說，就是督促的力量。

#5SecondRule 五秒法則之所以有力量，其中一個原因是它會讓你變成總是採取行動的人。如果你開始習於不假思索就採取行動，就會發現停止思考、確實行動帶來的力量和自信。**使用法則可以強化信念，相信自己確實擁有控制自己命運的能力，因為你正以一次督促自己做一件事，來向自己證明這點。**

珍妮終於能夠控制健康狀況，她發現當她選擇吃「罐頭義大利餃、一包洋芋片、一瓶汽水……然後抱怨自己過重」時，就是在破壞她減重的努力。透過宣告「5-4-3-2-1- 健康」，珍妮已經能夠運用法則逼自己行動，這正是她需要的。

> 今天早上我就開始了！今天早上我的鬧鐘響起後，我按下貪睡，然後馬上說：「5-4-3-2-1，走！」就起床了。
>
> 上班途中，我到商店買午餐，通常我會買罐頭義大利餃、一包洋芋片、一瓶汽水……然後抱怨自己過重。就在我走進商店前，我說「5-4-3-2-1，健康！」然後買了三明治和水。
>
> 我必須減 90 到 100 磅（約 40 到 45 公斤），就從今天開始，我一定會做到！我不會再等到……某個月的第一天、某個月的最後一天、星期一、星期五，或未來任何我告訴自己要開始行動的日子。我今天就開始，而我想要謝謝你激勵我，逼我行動，這正是我需要的！

多娜在肯夢機構研討會（Aveda Institute Conference）上第一次聽到法則時，她心想：「好，我會使用，但這是不會改變生命的……」這也是我對法則的感覺，我只是把它當作打敗貪

睡鍵的小把戲。結果，我錯的離譜！多娜也是如此，法則改變
了她人生和工作中的一切。如同多娜說的：「只有自己能牽絆
自己。看到我把自己當成恐懼的人質有多糟糕，再看看現在的
我，就覺得這太神奇了。更重要的是，我看到未來的自己會是
什麼樣子。」

 Donna

我還在佛羅里達塔拉哈西的肯夢機構裡當學生時，我
犧牲了很多東西才終於買得起一張機票，到紐奧良參
加「認真的事業」研討會。這些選擇和決定大幅改變
了我的人生。

在「認真的事業」研討會上，我聽到許多很棒的演講，
就在我面臨事業的轉折點時，給了我很大的啟發。梅
爾講到五秒法則，那時我心想：好，我會使用，但這
是不會改變生命的。我開始把它用在在每天的小目標
中：「我想待在床上……呃，好啦，5-4-3-2-1」然後
我就會起床，開始一天的行程。後來，它就變成一種
無意識的習慣，在我心裡建立了我根本不知道自己也
有的自信。

我老闆要我去當沙龍的老師，我是沙龍裡的新人之
一，卻被賦予這個機會，要教團隊成員一些新產品。
5-4-3-2-1，Go！帶著自信去上課。

我想當肯夢的講師，但與其等待去講課的機會，而是把機會變成現實。我去找我的老闆面談，討論這種可能性，而現在我已經開始在講課，實現我的夢想了。5-4-3-2-1，Go ！別害怕跟宇宙要求你人生中想要的事物。

在肯夢「勇於作夢」的大會中，我坐在觀眾席裡，我伸手遮舞台上的刺眼燈光，但講者以為我是自願要在全體觀眾面發言。

當他們把麥克風交給我的時候，我驚慌了一下子，5-4-3-2-1，Go ！要勇敢，不要對機會說不，就算你是不小心撞上的。

5-4-3-2-1，Go ！不管我面對什麼，做就對了。讓自己大膽跨出去之後，我的職業範疇拓展了好多。雖然一開始覺得我好像快跌下山崖，祈禱有人會來拉我回去，但我發現，我越常大膽行動，不對機會說不，我的自信就越成長，對未來說「好」也越來越容易。只有自己能牽絆自己。看到我把自己當成恐懼的人質有多糟糕，再看看現在的我，就覺得這太神奇了。更重要的是，我看到未來的自己會是什麼樣子。Go ！做吧！就在 5-4-3-2-1 後說好！

「如果你想懷疑什麼，就懷疑你的極限吧。」

——梅爾·羅賓斯

　　隨著你越來越常使用法則，你會開始感覺到勇氣、自信、
自豪與掌控的感覺，法則就是有這種效果。我經常告訴大家「法
則會纏著你」，而我是說真的，問問達瑞爾就知道。

> **Darryl**
>
> @melrobbins 我的人生因 #5Secondrule 五秒法則而
> 向前邁進了，你每天都纏著我，不過是好的方面！

　　這是因為你會發現你的人生已經夢遊好長一段時間了，像
這樣單純、簡單，又有效的方法也是會傳染的，克麗絲朵已經
開始和兒子一起使用法則了。

> **Crystal**
>
> 我真的很喜歡你在 2016 年 Get Real 活動上
> 的演説，充滿活力和影響力。我已經教會我八
> 歲的兒子 5 4 3 2 1 Go! 非常期待看到人生改
> 變……變得更好。

　　我的先生是我第一個分享法則的人。克里斯當然注意到我
的改變，尤其是我那討人厭的態度軟化了，而且我也確實更積

極主動。所以我沒花多少功夫就讓他相信，有個精神上的「祕密武器」是他缺乏的。

他開始把法則用來做一些重大的改變，像是戒酒、開始每天靜坐，以及每天早上運動。**法則並不會讓這些事情變容易，只是讓你確實去做。這就是為什麼我會形容它是個工具。**

我們不再躲避信用卡債和破產信件，而是 5-4-3-2-1，直接面對。我使用 5-4-3-2-1 督促自己去聯絡以前找我諮商的老客戶，來加快介紹案件的速度。我使用 5-4-3-2-1 驅策自己儘管有福克斯的合約問題，還是繼續參加廣播主持工作的面試。我們一起使用 5-4-3-2-1，逼自己去跟會計師與財物顧問面談，重新處理債務問題，並去做最討厭的事，就是確實面對我們自己挖的洞，自律地慢慢從洞裡爬出來。

克里斯把法則帶到他的事業中，督促自己挺過恐懼、罪惡與不安。他和合夥人諮詢了十幾位顧問、擬定財務模式，日夜勤奮工作，直到他們關掉批發商店，再發展零售商店，讓他們可以把某些商店賣掉，然後盡可能償還給投資人和債權人。克里斯和強納森做到的事情真的非常厲害，他們咬緊牙關、努力前進、全力以赴，他們不斷逼自己、再逼、還再逼得更緊。

到了現在，每當克里斯想起那段開餐廳的日子，他的想法有時還是會飄向覺得自己很失敗，不過當他發現自己有負面的

想法時，他會使用 5-4-3-2-1，重新把思緒導回來，去想他們曾
建立的一切：七間餐廳、很棒的員工文化、數百萬的收入，和
一個深植人心的品牌。最後結局是他希望的模樣嗎？不是。但
他從過程中學到的，關於生意、合夥，以及自己的一切，是金
錢買不到的無價經驗。

　　當你持續努力前進，正面迎接生命中的挑戰，並督促自己
變得更好時，沒有什麼能比你在這過程中得到的自信和自豪更
加強大。就像克里斯說的：「法則幫助我消化各種成功與失敗
的經驗，如果要說那是失敗的話。最終，這種覺悟給了我力量，
讓我能控制積極與消極的想法。」

　　就在我們開始重新與朋友聯絡時，總是會提到法則。你
也將發現這一點，珍妮佛學習法則後，告訴了她的護士。你知
道護士的反應是什麼嗎？「你不知道我一天之中需要這個多少
次。」

 Jennifer

我跟我的護士聊到我在納許維爾的美好經驗，並告訴
她梅爾·羅賓斯的 5-4-3-2-1 法則，她非常開心，說
她也要開始使用法則。她說：「你不知道我一天之中

需要這個多少次。」#54321 #justdoit（做就對了）
#besomeonescheerleader（當某人的啦啦隊）
#inspire（激勵）#conqueryourfears（征服你的恐懼）

每個使用法則的人，都激發內在的某些力量。我們的一個朋友有勇氣提出離婚，另一個離開了他的諮商工作，去做另一份不必東奔西跑的工作。一個同事減了 73 磅（約 33 公斤）；我叔叔終於不再一直說要戒菸，而是真的戒掉了；克里斯的一個朋友搬回緬因州，運用法則談到了一份夢寐以求的遠端工作。

#5SecondRule 五秒法則給了他們我曾得到的東西：如何督促自己改變的框架、勇氣和方法。

我第一次公開分享這項法則，是在 2011 年的 TEDxTalk 上，演講題目是〈如何停止把自己搞砸〉。有趣的是，那場演講幾乎都是在談我那時候的夢想，就是成為一名頂尖的電台節目主持人，以及我怎麼幫助人們活出他們真正想要的生活。我只在演講接近尾聲的地方提到 #5SecondRule 五秒法則，而且甚至沒有解說。接下來發生的事很神奇，那場演講散播出去，數百萬人在網路上看到了。還不只如此，他們開始討論。

每一天，我都會收到來自世界各地的訊息，這些人都開始使用法則，就像馬克一樣。馬克使用法則在短短六個月內，創

造出許多了不起的改變。

---

ujfocus

只是想讓你知道，有了五秒法則的幫忙和你的激勵，我在過去六個月內完成了好多事，像是開始執行兩年內讓事業翻倍的計畫，寫一本關於商業銷售的書，接著另一本是關於離開舒適圈的 100 天，我還找到並和夢想中的女子在一起了 @amyazzarito，和我的孩子比以往更親密，並且計畫要去探索世界。

這真的是最酷的事情了，到目前為止，有超過 100,000 個人，來自超過 80 個國家，寫信來告訴我他們使用法則的經驗。隨著越來越多人開始想了解與詢問更多資訊，我開始深入研究這項法則，這樣我才能更妥善的解釋你可以運用它的各種方法，並證明為什麼會有效。我的專業是律師，所以我真的瘋狂投入研究，尋找前例、證據和指導方法，彷彿我要在陪審團面前證明 #5SecondRule 五秒法則的案子。

這研究花了我將近三年時間，我把所能找到關於改變、幸福、習慣、動機和人類行為等主題的資料，全都讀過了。還看了社會科學實驗、幸福的研究、大腦的書籍，還有神經科學的研究。我並沒有把研究局限於「專家」的內容，我發問卷給一

般人，就跟你我一樣、已經使用過法則的人，然後我還透過電話、Skype、Google Chat 訪問了許多人，深入探究當一個人面對選擇改變的瞬間時，所有細微的體驗。

在我拆解改變的各個瞬間時，我揭露了每個人會動起來的根本原因。就在我們準備做一件自己覺得困難、可怕或不安的事情前，我們會遲疑。遲疑是死亡之吻，你可能就只遲疑了十億分之一秒，但那樣就夠了。就是那小小的遲疑，啟動了一種設計來阻止你的心理系統。而這一切發生的時間不到……沒錯，就是五秒。

你曾注意過恐懼和自我懷疑占據你思想的時間有多快嗎？然後你就開始找藉口，解釋自己不該說這個或做那個。我們每天都在這種最細微、最平常的地方牽絆自己，而這會影響所有事物。如果你打破遲疑的習慣，就會發現「採取某些行動」的勇氣，你會訝異人生改變的速度有多快。這就是齊斯在瑞麥地產（RE/MAX）研討會上學到法則後，所發現的事。現在他可以「做超乎尋常的事情」了。

 Keith Pike

> 梅爾，我在 2015 年聽過你，然後有榮幸在 2016 年二月拉斯維加斯的麥瑞地產研討會上親眼見到你。你激發了我，讓我能夠做超乎尋常的事。我真的必須擺脫以前的自己，並採取行動。在 18 個月內，我已經達到難以置信的成功，在阿肯色州開了三間辦公室，招募超過 50 名經紀人。我不再遲疑、再也不拖延，直接去採取某些行動，而這幫助我開始實踐目標，那麼大的任務突然變得可以處理了。其實最困難的部分就是開始。謝謝你分享你的故事，謝謝你鼓勵我們成為最好版本的自己。

看到了嗎？**決定我們人生的不是那些重大的行動，而是最小的行動**。就在停下來思考的五秒鐘，你會決定不要去做那些小事情。隨著時間過去，這些小決定會累積起來。而這就是癥結所在：我們不斷重複遲疑、擔憂和懷疑自己的模式，使得這些動作已經成為習慣，被編寫到大腦裡了。

不過，其實遲疑、攔阻自己和過度思考變成習慣也是好消息，因為有個簡單且經證實有效的方法，可以打破或取代壞習慣，而 #5SecondRule 五秒法則就是簡單的實踐法。一旦你讀過有關習慣迴圈、起始儀式、活化能量，和感覺會怎麼影響你決定的種種資訊後，你就會很感謝 #5SecondRule 五秒法則的強度了。隨著你使用法則，會發現改變就取決於五秒鐘的決定，

而你可以輕易取回掌控權。

　　每次你使用法則都會有效果，但是必須使用它。這是個工具，如果你不用，恐懼和不安就會偷偷跑回來，繼續控制你的決定。如果真的發生了，你只要再開始使用法則就好。

　　隨著你使用法則的時間越長，你會經歷到內在有種更深入、轉化性的改變，能增加你的自信和內在力量。你會和多年來一直糾纏你的藉口、習慣、感覺、不安全感與恐懼面對面，你會看清你讓自己陷入的討厭狀況，以及你浪費了多少珍貴的時間在等事物改變。

　　藉由使用法則，這種等待會結束。你真的會非常驚訝，只是做了五秒鐘的決定，竟能感受到這麼多喜悅與自由。蘿賓就是用「自由」來形容她使用法則後所得到的。

 Robin

@melrobbins 謝謝你提供改變人生的 #5SecondRule 五秒法則，行動能帶來自由。

 Robin

@melrobbins 對於改變的熱情和展望非常大,但
自信有時會跟不上。但當我心生疑慮時,就使用
#5SecondRule 五秒法則。
#BizPridePiper

　　這也是我所得到的:改變人生的自由。七年前的那個我,
早已不見了,但這是件好事,人生和事業的每個階段都需要不
同的你。使用法則,你將會成為下一個人生階段應該要成為的
那個人。

　　我們就來探討法則的基本原理,好讓你可以開始運用。

梅爾・羅賓斯
@melrobbins

知道你必須做什麼來改變人生，
這需要智慧。
督促你自己去做，
則需要勇氣。
#5SecondRule

第 4 章
為什麼這個法則有效

「你可以選擇勇氣，

也可以選擇安逸，

但你不能兩者都要。」

　　　——《脆弱的力量》（*Daring Greatly*）作者

布芮妮・布朗（Brené Brown）

這些年來，我收到許多關於 #5SecondRule 五秒法則的疑問。因此我想先從回答最常見的問題開始，向你介紹這項絕妙的工具。

#5SecondRule 五秒法則到底是什麼？

這是一個很簡單、有研究佐證的後設認知工具，能創造立即且持久的行為改變。順便解釋一下，後設認知只是個聽起來

很炫的詞，任何讓你征服大腦、完成更偉大的目標的技巧都可這麼稱呼。

要怎麼使用法則？

使用法則非常簡單，只要你感覺到一種直覺閃過，要為了某個目標或承諾而行動時。或者是你明知道你應該做某件事，卻感覺自己在遲疑時，就使用法則。

從對自己倒數 5-4-3-2-1 開始。倒數能幫助你專注於你的目標或承諾，讓你的思緒遠離擔憂、想法和恐懼。就在你數到「1，行動」時，就完成了。非常簡單，但讓我再一次強調，任何時候，只要有你知道自己應該做的事，但你覺得不確定、害怕，或不知所措時……只要倒數 5-4-3-2-1 來控制狀況，這樣你的大腦就會安靜下來。然後，在數到 1 時就行動。

倒數和行動都是動作。教會自己在通常總是會想太多而阻止自己的情況下，直接採取行動，你就能創造出驚人的改變。倒數會自動達成幾樣重要的事情：它能讓你的思緒離開擔憂，專注力集中到你必須做的事，激勵你行動，以及打破遲疑、想太多與牽絆自己的習慣。

如果你想知道，若不要倒數 5-4-3-2-1，而是把順序變成

1-2-3-4-5，法則是否一樣有效，答案是否定的，不會有效。問問崔特就知道。

 Trent Kruessel

梅爾：

關於五秒法則，我還發現如果我從 1 數到 5，就沒有效，我會想要繼續說「6」，然後行動就卡住了。我必須倒過來從 5 數回 1，因為（1 之後）我腦中的下一個字是「發射」，而那絕對是個叫人行動的數字。

這只是我的觀察。

正如同崔特發現的，如果你往上數，你可以一直數下去。但當你倒過來數 5-4-3-2……，到 1 之後就沒地方可去了，因此這正是激勵你採取行動。

為什麼叫做 #5SecondRule 五秒法則

我常收到這個問題，而且我真希望我有更好的答案，但其實我叫它 #5SecondRule 五秒法則，只是因為我第一次使用它的那天早上，這是第一個跳進我腦中的字眼，然後這名字就固

定了。記住，我是前一天晚上看到火箭升空，然後心想：「我要把自己從床上發射出去……跟火箭一樣！」隔天早上，我倒數 5-4-3-2-1，因為 NASA 發射太空船就是這樣做的。我從 5 開始算，沒有什麼特殊原因，只是因為覺得給自己這樣的時間剛剛好。

我後來知道，世界上有很多種類的「五秒法則」，像是關於該不該吃掉到地上的食物、籃球賽中的倒數五秒射籃、艾倫・狄珍妮（Ellen DeGeneres）在脫口秀節目中的遊戲，還有一種五秒測試，讓你檢查人行道會不會燙到不適合你的狗行走。

如果早知道我的法則會傳遍全世界，當初我就會想個比較有獨創性的名字了。但其實這所有的 #5SecondRule 五秒法則，背後都有個共通性，就是都要你在五秒鐘內，做出身體的行動。

身體的行動也是我法則中最重要的部分，因為當你動起來時，生理機能會改變，大腦就會跟上。或許這個名稱不只適當，事實上是很完美，因為涉及生活中的其他五秒區間，而這使得法則感覺更加熟悉、通用與真實。

▎像 Nike 的標語「Just do it」（做就對了）

「Just do it」和 #5SecondRule 五秒法則之間的差別很簡單。Just do it 是個概念，是你必須要做什麼，而 #5SecondRule 五秒法則是個工具，是你要怎麼讓自己去做。

Just do it 會成為全世界最有名的標語，還能橫跨各種文化，是有原因的。你知道是什麼讓這句標語這麼強大嗎？就是「JUST」這個字。

Nike 把 JUST 放進標語裡，是因為它知道一件本書中經常提到的事情：在行動之前，我們都會先停下來思考。Just do it 知道我們都在努力要督促自己做得更好、成為更好的人，然而在採取行動前，我們也全都會遲疑，跟自己的種種感覺拉扯。「JUST」就是在告訴我們並不孤單，每個人都有小小的遲疑。

這就是在你要求加入一個已經在比賽前的瞬間；你考慮要不要做第三組健身動作的瞬間；或是你開始猶豫，不知道要不要在大雨中出門慢跑的瞬間。

這句標語明白你有藉口和恐懼，而 Nike 就是要鼓勵你勝過一切。來吧……**別多想了**……**做就對了！**我知道你很累……**做就對了！**我知道你會害怕……**做就對了！**

Nike 的標語督促著你跨越懷疑，加入比賽。Nike 知道你

的內在有強大的力量，就在藉口的另外一面。它能引起深刻的共鳴，就是因為每個人，就算奧林匹克選手也一樣，都需要被推一把。而這就是 #5SecondRule 五秒法則上場的時刻了，當你沒有教練、對手、父母、尖叫著的粉絲或隊友在身邊督促你時，法則就是你督促自己的方式。有了法則，你只要數 5-4-3-2-1，就能推自己一把。

每個人都有五秒的機會嗎？

是的，每個人在產生改變的直覺與大腦殺掉那直覺之間，都有這段間距。當你的大腦在那十億分之一秒間開始要對抗你時，想法和藉口的衝擊似乎還沒有全力發揮作用，並在幾秒鐘裡面阻止你。五秒的間距似乎對所有人都適用。

也就是說，要採取一切手段利用它，讓它發揮作用。就我個人而言，我發現在最初的衝動和身體確實行動之間，等待的時間越長，藉口的聲浪就會越大，要強迫自己動起來也就越困難。如同安琪拉發現的，「隨著恐懼越來越深，那些五秒的決定會變成 50 秒，然後再變成 500 秒」。她現在已經把 #5SecondRule 五秒法則當成救命的工具，彷彿數到零時，大腦就會「自動毀滅」一樣。

Angela Rae Hughes

我剛才在場，而且我想要為那場演講謝謝你。
我現在已經回到西雅圖的家裡，想讓你知道是
你讓我動起來，對一些因為深深的自我懷疑和
對失敗的恐懼，而已經拖延很久的事情採取行
動。我發現我人生中一直都在使用五秒法則而
不自知……但是我也發現，隨著恐懼越來越深，
那些五秒的決定會變成 50 秒，然後再變成 500
秒。你告訴我大腦在五秒鐘之後就會關閉行動，
所以現在我決定把五秒法則當成救命的工具，
彷彿大腦會在零的時候「自動毀滅」（我找不
到更好的詞彙），那麼我最好動起來！誠心的
謝謝你，梅爾・羅賓斯，因為你的智慧。

　　如果縮短或延長這個間距，對你比較有效的話，那就調整
法則到對你最有效的程度。

　　馬特是我和我先生的好朋友，正在為他的第一次泥巴煉獄
（Tough Mudder）比賽而訓練。他住在紐澤西州，然後在冷得
要命的寒冬中傳這個訊息給我先生。他把間距縮短成三秒，因
為他發現大腦阻止自己的速度實在太快了。

「告訴你的女友梅爾，五秒法則在我這裡也發揮作用了。我把它縮短為三秒，既然你可以在三秒之後就開始行動，何必還要去想人生中的各種複雜呢？在五秒鐘內，我腦袋裡就能冒出兩個以上的藉口。三秒鐘內，我的思想已經按下手機的第一個按鍵，然後開始要拖延了。就像今天早上起床時，我就不小心察看了溫度（這動作花了兩秒，還好第三秒時，我就開始去穿運動鞋了）。」

這就是大腦內部系統運作的方式，你對某件事想得越久，去做的動力就會變得越低。我們都非常擅長於誘騙自己待在原本的地方，只要行動的衝動一出現，你就會開始以各種理由勸退自己。這就是為什麼你必須快速行動，這樣才能夠在大腦困住你之前就擺脫所有藉口。

我可以用法則來做什麼？

這些年來，聽過數千個例子，關於人們如何運用法則來改善他們的生活、人際關係、快樂與工作，不過它的功能總共可以歸納成三大類型。

• 使用法則改變行為

你可以使用法則督促自己培養新習慣、擺脫毀滅性的壞習慣、熟練自我規範與自制的技巧，這樣你就能更加有心也有效的經營自己和人際關係。

• 使用法則以每天的勇氣來行動

當你要做新的、令人害怕又不確定的事時，你可以使用法則發掘你需要的勇氣。法則能讓你的自我懷疑安靜下來，隨著你督促自己去追求有熱情的事物、在工作中說出你的想法、自願去做能夠提升能力的專案、創作自己的藝術作品或成為更好的領導人之際，持續建立自信。

• 使用法則控制想法

你可以使用法則阻絕負面思考的攻擊和令你消沉的無盡憂慮，也可以打破焦慮的習慣，戰勝任何恐懼。當你控制自己的想法時，你就能夠想到會帶給你歡樂的事物，而不會執著於負面想法。而這一點，以我自己看來，是法則最強大的功能。

為什麼這麼簡單的東西居然有效？

法則之所以有效，就是因為它很簡單。你的大腦有成千上萬種把戲可以扼殺行動。有許多我很喜歡的研究人員、教授、思想家，都寫了暢銷書、在 TED Talks 上演說，詳細敘述大腦是怎麼用看起來無窮無盡的小把戲來背叛我們的，包括認知偏誤、選擇的悖論、心理免疫系統和聚光燈效應。所有傑出的研究人員教我的，就是當你想要改變、打破習慣，或做某些困難或可怕事情的瞬間，你的大腦就會想辦法阻止你。

基本上，你的大腦會騙你把事情想得很難，而只要你落入圈套真的這樣想了，就會被自己的思緒困住。你的大腦有數百萬種方法勸你不要採取行動，改變之所以困難，在神經學方面的原因就是這樣。正如我在第一章提過的，改變需要你去做一些不確定、令人害怕或全新的事，而人類大腦的設計上，就是不要讓你去做這類事情。你的大腦會害怕那些感覺不確定、可怕或全新的事，所以它會盡一切所能，讓你不要去做那些事。這是你天性的一部分，而且這種遲疑發生的速度很快，所以必須更快速採取行動，才能擊敗它。

法則可對此發揮調度作用，也是近代心理學某些強大且經過證實原理中的一個例子，這些原理包括：對行動的傾向、內

在的控制點、行為靈活性、進度原則、起始儀式、習慣的黃金法則、真實自豪感、刻意行動、「如果－那麼」實施計畫（If-Then planning）和活化能量。在本書中，隨著我們深入詳細探討如何把法則應用於人生中的特定領域時，你也將學到前述的各種原則。

單一法則怎麼運用在人生各領域中？

#5SecondRule 五秒法則其實只在一樣東西上起作用：**你**。你每一次都用同樣的方法阻止自己改變——你遲疑、然後想太多、然後把自己困在心理的牢籠。

遲疑的瞬間就是殺手，遲疑會傳送壓力訊號到大腦，那是一面紅旗，象徵有什麼不太對勁，然後大腦就會進入保護模式。這就是我們為何總是失敗，稍微花點時間想想這點。

你並不是一天到晚遲疑。比如說，早上倒一杯咖啡的時候，你不會遲疑；穿牛仔褲時，你不會遲疑；打開電視時，你不會遲疑；打電話給你最好的朋友時，你也不會遲疑。你根本想都沒想，就是有種直覺要打電話給朋友，於是你就拿起電話，然後打給他們。但當你在打一通銷售電話或回覆訊息前，出現猶豫時，這就會讓你的大腦覺得一定有什麼不對勁了。你

思索那通銷售電話的時間越久，你就越不會打了。

我們大多數人根本不會意識到自己有多常遲疑，因為我們太常做，都已經成了一種習慣。提姆使用法則之後，是這樣形容的：

「坦白說，我覺得法則很強大，就是因為把它放在你思緒前，可以讓你處理並開始去做你平常會逃避或忽視的事。我還會一直唸著：『管它的，我就是要這麼做。』所以說，它之所以強大是因為幫你打破關於怎麼做事、已經正式嵌入腦中的思考模式，並讓你覺得（至少我是這樣）『就去做吧』是安全的。說真的，我以前為什麼要害怕做某些現在正在做的事呢？又不是說我去做或不做的事，會讓世界毀滅。」

但等一下你會知道，遲疑的瞬間其實對你也有好處。每次你發現自己在猶豫時，就是推自己一把的時刻！五秒的間距打開了，是時候 5-4-3-2-1，把自己推出去，贏過你所有的藉口。

倒數 5-4-3-2-1 可以當成一種生動的提醒，提醒你法則與其重要性。亞特把這些數字掛在辦公室牆上，讓自己在工作的整天裡都充滿動機、勇往直前。

Art Frey
辦公室的新裝飾！謝謝梅爾，這已經開始以非常積極的方式改變我的人生了！

法則能夠創造出持久的行為改變嗎？

法則可以打敗大腦的操作系統，幫助你在與瞬間的抗拒作戰時獲勝。但你知道還有什麼嗎？隨著時間過去，你重複使用法則，就能摧毀那整個系統了。有一件大部分人都沒察覺的事，就是那些擔憂、自我懷疑和恐懼的思考模式，都只是習慣而已，而你只是在毫不自覺的情況下，不斷重複這些思考模式。如果你所做的每件阻礙幸福的事，都只是習慣，那就表示你可以按照最新的研究，來打破以下習慣：

等待

懷疑

退縮

保持沉默

避免

擔憂

過度思考

有個「習慣的黃金定律」，而且非常簡單。如果要改變任何壞習慣，你必須取代你一直重複的行為模式。我會在本書的第四部詳細解釋，並且教你如何運用 #5SecondRule 五秒法則搭配所有最新的研究，來終止擔憂、焦慮、慌亂和恐懼的心理習慣。

不過現在，你需要知道的是這點—— #5SecondRule 五秒法則和倒數的技巧 5-4-3-2-1，Go！將會成為你的新行為模式。你不會再躊躇，而是會 5-4-3-2-1 後勇往直前。這個倒數也就是研究人員所說的「起始儀式」。起始儀式會打斷不好的既定模式，觸發一個全新、積極的模式。

如果你熟練法則，你就能夠重新編寫你的大腦。你將會教導自己新的行為模式。你不會再持續擔憂、遲疑和害怕，你會發現自己能帶著勇氣自動行動。持續做下去，隨著你繼續採取越來越多步驟，你就會發現其他東西：你內在的真實自信和驕傲。那是來自你達到目標，達成許多對你而言很重要的小勝利後，產生的真實自信。

你以為早已經根深柢固的一切，包括你的習慣、心態，和

個性，都是可調整的。這對你生活所產生的影響，絕對會讓你振奮不已。**你可以利用一次一個五秒的決定，去改變「既有」的心智設定和習慣。這些小決定加起來，就會成為重大的改變。能改變你是什麼樣的人、你的感覺，還有你的生活方式。**

　　改變你的決定，就能改變人生。而什麼最能夠改變你的決定呢？勇氣。

如果你有
開始的勇氣，

你就有
成功的勇氣。

PART

2

勇氣的力量

第 5 章
每天的勇氣

「這些年來我學到的是，
當一個人下定決心，恐懼就會減少。
知道必須做什麼，就能驅逐恐懼。」
　　　　　　　——美國黑人民權行動主義者
　　　　　　　羅莎・帕克斯（Rosa Parks）

　　在我發現 #5SecondRule 五秒法則之前，如果你要我給你幾個關於勇氣的例子，我會給你一串歷史偉人的名單。我絕不會說勇氣就是在某些日子裡起床、跟你的老闆談話、拿起電話，或站上體重計需要的東西。我會告訴你勇氣這個詞是用來形容帶著極大的勇敢去行動。

　　在我的觀念中，有勇氣的人，就是諾貝爾獎得主馬拉拉・優薩福扎伊（Malala Yousafzai）、蕾嫚・葛博維（Leymah Gbowee）、達賴喇嘛、翁山蘇姬（Aung San Suu Kyi）、納爾遜・

曼德拉（Nelson Mandela）和艾利·魏瑟爾（Elie Wiesel）。
我會告訴你溫斯頓·邱吉爾（Winston Churchill）和英國起身
對抗納粹德國；羅莎·帕克斯捍衛自己的權利，不肯讓出公
車上的座位，還有穆罕默德·阿里（Muhammad Ali）堅守自
己的信念，拒絕到越南作戰的故事。我也會提起海倫·凱勒
（Helen Keller）戰勝了自己的殘疾，促進其他人的權利；歐內
斯特·沙克爾頓爵士（Sir Ernest Shackleton）克服種種令人震
驚的困難，拯救〈堅忍號〉（*Endurance*）全體船員；還有伽利
略以先進科學觀念挑戰天主教會的行為。

我自己使用法則七年，加上聽到世界各地這麼多人的回饋
後，我發現一件重要且確定的事：**每天的生活中都充滿令人害
怕、不確定、困難的瞬間，面對這些瞬間，開啟你生命中的機
會、魔法和喜悅，需要極大的勇氣。**

勇氣正是 #5SecondRule 五秒法則可以給你的。法則給了
荷西勇氣去相信自己的價值，並要求加薪。

Ibelieveinjose

我在不到五秒鐘內下個了決定，跟我老闆談加薪的事，
那是我應得的。我一定要讓他知道我多麼有價值，而
我每小時加薪 2 美元。*

荷西一要求之後就得到了加薪，結果還有一個驚喜在他的下一張薪資支票中等著他——更多的加薪。

> 無預期的愛！真的是太感激了，非常謝謝你，我也愛你。一個星期後，我的薪資給付人讓我非常驚喜。我查看支票的時候，發現他們多加了 1 美元，因此總共加薪 3 美元耶！我很驚訝，我想到當時對話中他說的：「你太有價值了。」當下他毫不猶豫就同意我要求的 2 美元。閱讀和哲學給了我勇氣和平衡。再次非常感謝你，祝你好運！如果你有任何需要，我就在這裡。
>
> 你的朋友，荷西

法則給了布萊斯勇氣，投入兩年時間寫作，出版了一本烹飪書。而他並未就此停下，他讓美國最大連鎖書店巴諾書店（Barnes and Noble）舉辦了一場簽書會。就如布萊斯說的，「你可以達成任何你有熱情也願意努力的事。」

---

* 美國各州最低時薪不同，低的每小時不到 7 美元，較高的州每小時也不到 15 美元，因此每小時加薪 2 美元算是很不錯的幅度。

brycepalmyra

> 經過兩年的全心努力工作，我出版了第一本烹飪書《我死之後，要給我家人的東西》（*Things to Bring My Family When I Die*），但是我還想要再督促自己多努力一點。我想要把這件事告訴生涯教練、激勵者，還有 CNN 的法律分析師梅爾·羅賓斯。幾秒鐘後我就開始寫一封會改變我人生的信。梅爾，你太了不起了，這世界需要更多像你這樣的人教導我們去抓住星星。#5SecondRule

你知道更酷的是什麼嗎？布萊斯那時才 15 歲！

法則幫助馬丁結束了九年「一個接一個的藉口」，也不再「重重踩下煞車」，而是回到學校去念碩士學位，讓他將來的事業能夠有更好的發展。

> 主旨：TedX：如何停止把自己繼續搞爛
>
> 訊息：
>
> 嗨，梅爾
>
> 我今天晚上剛看過你的 TedX 演講，覺得相當有趣、有啟發性，最重要的是，給了我許多思想的養分。

從我三十幾歲大學畢業以來，我一直受憂鬱症和焦慮症的折磨，過去九年間，我重重踩下煞車，編織一個接一個的藉口，不繼續拿碩士學位，然後從那時起就只能做基本的行政工作。

我接受了你的建議，把我的舊課本挖出來，這樣我就可以溫習一下以前念的內容，然後開始上網去找適合的碩士課程。

謝謝你給了我最需要的激勵，我知道我才剛要從山腳下出發，而我也才剛踏出第一步，知道以後還有很多挑戰，但我知道有像你這樣能激勵我的人在那裡，我可以隨時尋求建議，然後再繼續前進。

非常感謝。

　　胡安妮塔學著傾聽她的內在智慧。她不再只是「想」她朋友推薦的工作和公司，而是拿起電話「立刻」打過去詢問。而你知道她得到什麼嗎？正是她督促自己要去追求的──夢寐以求的工作。

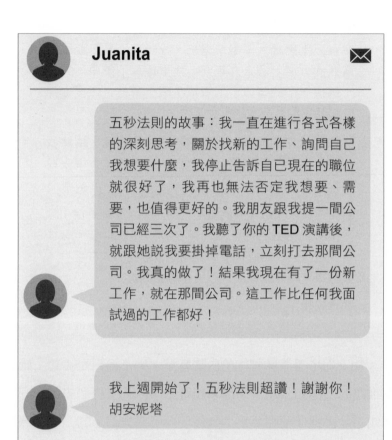

Juanita ✉

> 五秒法則的故事：我一直在進行各式各樣的深刻思考，關於找新的工作、詢問自己我想要什麼，我停止告訴自已現在的職位就很好了，我再也無法否定我想要、需要，也值得更好的。我朋友跟我提一間公司已經三次了。我聽了你的 TED 演講後，就跟她說我要掛掉電話，立刻打去那間公司。我真的做了！結果我現在有了一份新工作，就在那間公司。這工作比任何我面試過的工作都好！

> 我上週開始了！五秒法則超讚！謝謝你！胡安妮塔

對蓋博來說，學到 #5SecondRule 五秒法則是個轉捩點。在蓋博明白「我對自己生命中發生的所有事情都有責任」後，他使用法則改變他的人生，創立了自己的虛擬實境公司。現在，他正在打造夢想中的事業。

Gabe
行銷與品牌顧問 / 虛擬實境研發者

> 從一個「還好」的全職行銷經理，到一個專注投入
> 與不斷成長的虛擬實境公司老闆，我現在正在實現
> 夢想中事業的路途上。
>
> 我「還好」的時候就是過得去就好，忘了我對自己
> 生命中發生的所有事情都有責任。

克麗絲汀的人生永遠的改變了，因為她的男友現在有了戰勝毒癮的方法。任何時候，當他有「服用藥物」的欲望時，他就使用 #5SecondRule 五秒法則來擊退癮頭，並重新訓練自己的大腦。他會在心裡倒數 5-4-3-2-1，啟動新行為，而且「他的心態完全改變了，繼續好好過平常的日子」。

哈囉，

我這個夏天在 Scentsy（諮商公司）家族聚會中看到了你，我男友和我就在觀眾中。這則故事主要是關於他，而不是我，你以 5-4-3-2-1 法則，永遠改變了我們的人生。他正在努力克服毒癮，這件事大部分人都不知道。就在我們出發去納許維爾之前，他終於停止所有不同

的藥物，而我們就是在納許維爾看到你的。從那天起，
任何時候，當他有「服用藥物」的欲望時，他就會使
用你的 5-4-3-2-1 法則。他會在心裡倒數，然後心態就
完全改變了，會繼續好好過平常的日子。我打從心底
謝謝你，謝謝你分享你的故事。

　　勇氣，其實就是我需要用來幫助我起床的東西。當時起
床非常可怕，因為那表示要面對我的問題。要看著鏡子裡的自
己，接受我已經 41 歲，而我的人生和事業都在非常糟糕的狀
態這個事實，真的很困難。光是想到我可能沒辦法修補我先生
和我當時的處境，就快承受不住了。

　　我女兒在中學上歷史課時，就需要勇氣來放下手中的筆，
然後舉起手。你的團隊需要勇氣對你提出他們的擔憂，你的孩
子需要勇氣告訴你到底真正發生什麼事。把你的個人資料放到
約會網站上，或把前任從手機裡封鎖。感覺起來都是得鼓起勇
氣的事，為你的事業接納新科技，和走進你的家門、迎頭面對
你問題，而不是倒一杯酒並窩在電視前面放空，這也都很需要
勇氣。

　　「勇氣」這個字眼越常出現，我就越常想，是否有一件歷
史上公認最有勇氣的事件，可以幫助我更加了解勇氣的本質。

第一個出現在我腦海中的人，就是羅莎‧帕克斯。你應該聽過羅莎‧帕克斯揭起現代美國民權運動故事，那是在一九五五年十二月一個寒冷的夜晚，她在公車上，靜靜地拒絕把座位讓給一位白人乘客。

她充滿勇氣的行為告訴我們，改變一切的不是重大的行動，而是你每天生活中在做的、最微小的事情。那天晚上，她根本沒計畫要做那件事。帕克斯女士形容自己是那種「盡可能小心不要招惹麻煩」的人。那晚她唯一計畫要做的事，就是結束一天辛苦的工作後，回家跟先生吃晚餐。那只是個普通的夜晚，就像其他夜晚一樣——直到一個決定改變了一切。

出於好奇，我挖掘並研究了一大堆帕克斯女士的資料，包括國家檔案、自傳、電台訪問和報紙文章。我找到的東西太不可思議了，就在她被捕後的幾星期，她接受太平洋電台（Pacifica Radio）主持人西德尼‧羅傑斯（Sidney Rogers）訪問，而國家檔案局網站有這份錄音檔。以下是她自己怎麼形容這個歷史性的時刻：

當公車在第三站開出城時，白人乘客已經坐滿了公車前面的位置。我上公車時，後面也已經坐滿了人，我坐的座位，

是黑人乘客，呃，他們是這樣用的[1]，在這輛公車上可以坐
的第一排。司機注意到公車前半段已經坐滿了白人乘客，有
兩、三個人還得站著。

他往後看，然後要求我們讓出我們當時的座位。其他乘
客非常不情願地讓出了座位，但我拒絕那麼做……司機說如
果我拒絕離開那個座位，他就要叫警察來。於是我說：「那
你就叫警察吧。」

接著電台主持人問出了那個最重要的問題：

在實施吉姆克勞法（Jim Crow）[2]和種族隔離的這麼多
年後，究竟是什麼，讓你決定成為那個人？在那個特殊的時
刻，是什麼讓你決定要保住那個位置？

她回答得非常簡單：

「我覺得我被對待的方式是不正確的，而且身為公車上
的乘客，我有權利保留我已經坐著的位置。」

---

1 此處原文為 Negro，是很沒禮貌且敏感的字眼，因此帕克斯女士才會遲疑。
2 自 1876 到 1965 年間，美國南部與邊境各州對有色人種實施種族隔離的法條。

　　主持人繼續誘導，提出她已經被不公平對待那麼多年了，
想要知道那個瞬間到底是什麼讓她決定那麼做。在訪問中，她
停頓了片刻，然後說：

　　「就是時候到了，我被逼到無法再忍受了吧，我想。」

　　他問她是否有計畫這麼做，而她說：

　　「沒有。」

　　他問她這件事是否就這樣自然發生了，她同意，「就這麼
發生了」。

　　這是非常關鍵的細節：**羅莎・帕克斯並沒有遲疑或仔細思
考。事情發生得很快，她只是聽從直覺告訴她的「我被對待的
方式不正確」，於是她讓自己跟從這些直覺。**

　　正因為她沒有遲疑，就沒有時間勸自己放棄。

　　巧合的是，四天之後，同樣在阿拉巴馬州的蒙哥馬利市，一
九五五年十二月五日，有另一個五秒的決定改變了歷史。「蒙
哥馬利進步協會」（Montgomery Improvement Association）為
了帕克斯女士被逮捕的事件而成立，一位二十六歲的黑人牧師
被同儕推選出來，帶領了聯合抵制公車運動，為期三百八十一
天。被提名出來帶領抵制活動的那天晚上，這位年輕牧師稍後

寫下：

「事情發生得太快，我根本沒有時間仔細思考。很可能如果我思考了，我就會拒絕提名。」

感謝老天他沒有多加思考，因為他成了史上偉大的民權運動領導者之一，他的名字就是馬丁‧路德‧金恩博士（Dr. Martin Luther King Jr.）。

金恩博士被同儕推到聚光燈下，帕克斯女士則是推了自己一把，他們都體驗到被推一把的力量，那是當你的直覺、價值觀、目標結合在一起的瞬間，而你行動得非常快速，根本沒有時間或理由來阻止自己。

你的心在說話，而你沒去思考，只是聽從心叫你做的事情。偉大不是一種人格特質，偉大就在每個人裡面，只是有時候我們很難看見。認識帕克斯女士的人，都形容她安靜且害羞。在民權運動剛開始的階段，金恩博士的自我懷疑和恐懼更是眾所周知。

帕克斯女士在一九五六年的電台訪問中，回想起來時，她說：「我從沒想到自己會是做這件事的人，真的從來沒想過。」你大概也從來沒有想過，你有能力在工作和人生中達成

什麼樣的偉大成就。她的例子告訴我們，我們全都有足夠的能力找到勇氣，在重要的時刻「活出不平凡的自己」。

這是真的，如同羅莎‧帕克斯在一九五六年那段訪問中所說，她被種族歧視的體制「逼到無法再忍受了」。但在那個瞬間，她是被某個更強大的力量推了一把：她自己。

這就是勇氣，勇氣是一股推力。就是我們在站起身、說出口、現身、第一個走出去、舉起手，或做任何我們覺得困難、害怕或不確定的事時，給自己的那種推力。當你看到歷史、商業、藝術和音樂領域中的那些偉人，別認為他們跟你有什麼不一樣，那不是真的。

勇氣是與生俱來的權利，我們每個人的內在都有。你生來就有勇氣，而且你可以隨時使用。那跟自信心、教育、地位、個性或專業都沒有關係，唯一有關的是，當你需要時，是否知道如何找到它。而且你得清楚，當你需要時，你很可能只有一個人。

只有你一個人坐在工作的會議中、站在你家廚房、搭地鐵、看著手機、看著電腦或在思考事情，突然之間，那個瞬間就來了。某些東西會退去，而你的直覺將甦醒。你會有行動的衝動，你的價值觀和直覺會告訴你，你應該去做什麼，而你的感覺會大吼著「不」，這就是推一把的時刻。你不需要擁有全

部的答案，你只需要在下個五秒鐘內做出決定。

丹一個人坐在電腦前，想著要去申請夏季課程。他想要取得大學文憑，但以 44 歲的年紀，要去當新鮮人這念頭可不是普通的恐怖。

克麗斯汀正需要勇氣，她在德州的普萊諾市參加行銷會議，心裡有個很棒的主意想講，但又擔心：「這聽起來會不會很蠢？」

湯姆站在芝加哥的一間酒吧裡。當他看見她的瞬間，他簡直無法移開視線。他可以轉身回到朋友那邊，假裝很關心他們在討論的足球賽，或是找到勇氣朝她走過去。

納許維爾的金融軟體公司整個銷售團隊士氣低迷，他們已經連續三年達到目標數字，而配額卻又再次提高了。

英國的愛麗斯必須督促自己出門慢跑。她受到臉書朋友的激勵，但她想到上次運動是好久以前的事，又覺得沒動力。

在地球的另一邊，帕特爾無法停止想著朋友的兒子剛死於車禍。他不知道該說什麼，而且想到失去自己兒子的感覺實在太可怕了。他告訴自己，如果我多等幾天應該會好一點。但有股衝動想拿起電話、到他家去看看……做些什麼的感覺揮之不去。

在中國，席剛剛簽約成為新護膚保養品線的分銷商，她想

打電話過去介紹的客戶至少有十幾個。她看著電話猶豫著：「如果他們覺得我太愛推銷了怎麼辦？」

在澳洲昆士蘭，陶德心裡很清楚他的人生想要做什麼，而那絕不是讀法律，而是體育。但在陶德可以掌控自己的未來之前，他得要面對父母親的失望。

馬克躺在澳洲奧克蘭家裡床上，時間是晚上十點半，他轉身看向他太太，她正在看書。他想要跟她做愛，但他覺得她沒有心情；他想要靠過去親吻她的肩膀，但他害怕被拒絕。在這麼多個月感覺就像她的室友以來，他需要勇氣才能靠近她。

這些事情都是真的，而且還只是冰山一角。這些點出了在我們渴望改變生活與恐懼之間的掙扎，同時揭露出每天的勇氣有力量改變一切。

行銷大師賽斯·高汀（Seth Godin）曾寫道：「當我們在思考什麼事情有可能，而不是想需要什麼時，大腦的不同區塊就會活躍起來？」我相信當我們想著鼓起勇氣，而不是想著阻礙我們的恐懼時，也是一樣的狀況。差別就在要專注於解決方法，而不是問題本身，這麼微小的調整，就能讓心得到自由。

有股強大的力量，可以結束我努力起床的掙扎；帕特爾打電話給朋友的掙扎；那個銷售組織接受更高的銷售目標的掙扎；愛麗斯出門運動的掙扎，那就是每天的勇氣。

畢竟，勇氣只是一股推力。

　　當你推自己一把，你可能不會改變全世界、法律或喚起民權運動，但我可以保證，你會改變同樣重要的東西——你會改變你自己。

世界上
只有一個你。

絕對不會再有
另外一個。

那就是你的力量。

第 6 章
你到底在等什麼？

「做正確的事，
任何時機都是正確的。」

——馬丁‧路德‧金恩博士

　　湯姆在芝加哥市區海德攝政大飯店（Hyatt Regency Hotel）裡的司德森牛排館（Stetson's Steakhouse）和同事一同慶祝達成新生意。他打破了自己的年度配額，而今天的成功將會讓他管理的地區排行榜名次提升。四個月前，他的太太搬出去後，他就讓自己全心投入在金融科技公司的工作裡，為了從私人生活的挫敗中振作起來，工作是讓他分心的最好事物了。他轉向酒保，想再點一輪酒，就在這時他看見了她。

　　她就站在吧台的對面，對著朋友們大笑。她有種不一樣的魅力，他實在沒辦法清楚描述，他考慮走過去跟她說話，但遲疑了。他開始想，這樣會不會太快開始一段關係，他開始覺得

不安：一個那麼漂亮的女人會接受有兩個孩子的男人嗎？

湯姆有個決定要做，而他將在接下來的五秒內做出來。

在開始走向吧台對面的那段時間裡，湯姆就可以重新改寫他的人生。開會時，在你舉起手的那段時間裡，你就能夠改變自己看待工作的方式。在你張開嘴巴誇讚某人的那段時間裡，你就能讓某人的一天更喜悅。如果你不做，那段時間就過去了，就像布雷克遭遇的那樣，現在她想「踹自己一腳」。

 Blake
@blakie_g

我想得太多，那瞬間就流逝了，我沒告訴這位女性她有多麼棒。她讓我的一天如此美好，我卻沒有謝謝她。

 Blake
@blakie_g

但我什麼也沒說。我張開嘴，但一個字也沒說出口。然後我想到 @melrobbins 的五秒法則，真想踹自己一腳。

不管你用什麼理由攔阻自己，那都是錯的。保持安靜不會比較安全，維持和平不會比較好，去嘗試不會徒勞無功，也沒

有那麼冒險，那都是錯的。你所有的藉口和理由都是錯的，要改善你的人生沒有「對的時間」。你動起來的瞬間，就會發現自己的力量了。那才是把真正的你端出台面的方法：把真正的你從大腦裡逼出來，進入這個世界裡。而這麼做的最好時機，就是現在，當你的心叫你行動的時候。

我們浪費太多人生在等待正確的時機。去進行某些對話、去要求加薪升值、提出一件事情或開始做某些事。這令我想起知名的冰上曲棍球員韋恩‧格雷茨基（Wayne Gretzky）說過的：「對於你沒有射出去的球，不進的機率是 100%。」事情是這樣的，對你打出去的球，你從不會後悔，但對你沒做的事，你會一直後悔。安東尼就以痛苦的方式學到了這點：

 Anthony

今晚我有機會給某人電話，但我沒那麼做，而我真的會永遠後悔。人生為什麼這麼難?! 💔

人生已經很艱難了，但當我們聽從自己的恐懼時，就會讓人生變得更難，我們說服自己等待，我們攔阻最好的自己出現。我們每個人都是如此，而且不只是在酒吧裡，我們在工作中、

在家裡、在人際關係裡，都在阻礙自己。

問題是，我們為什麼要這麼做？答案很殘忍，你可以說是害怕被拒絕、害怕失敗或害怕看起來很慘，但事實是，我們會躲藏，是因為我們根本害怕去嘗試。

幾個月前，我和女兒坎達兒有過一次談話，正好可以說明這個等待遊戲會怎麼摧殘你的夢想。讓我先說明一下背景，坎達兒十五歲，是個很有唱歌天分的孩子，從她醒來的那一刻起，到她上床睡覺為止，她都在唱歌。

最近，她的老師推薦她去參加試鏡，由紐約市音樂劇的導演評選。他曾經讓一些孩子參加《悲慘世界》（*Les Misérables*）、《歡樂滿人間》（*Mary Poppins*）和《瑪蒂達》（*Matilda*）的巡迴演出，而他認為坎達兒有很大的機會得到一個角色。

一收到這則消息的時候，她就說她「想去試鏡」，卻一直沒回信給老師。我問她為什麼要等待，而聽她說那些想法和感覺怎麼困住她，實在讓人感嘆又心碎。有趣的是，她並不害怕試鏡，至少當她想到試鏡時並不害怕，她怕的是所有試鏡之後可能發生的事。

她說她不想去嘗試是因為：「如果我做不到呢，媽？如果我沒有自己以為那麼厲害呢？如果我不去試鏡，至少我還可以

跟自己說我很棒，我只是太懶得去追求我要的。」

現在我們心裡有數了，就是害怕結果很糟、自己不夠好、覺得自己是失敗者，我們沒有任何一個人想要面對這種現實，所以我們就像躲瘟疫一樣避開它。我自己對運動也是這種心態，只要我一直避免運動，就可以假裝自己身體還可以。但當我進入健身房的那一刻起，我就得面對現實，而現實就是，在跑步機上跑不到兩分鐘，我就得到洗手間，整個人上氣不接下氣。我的身體狀態根本就不好，我還必須很努力練習。這就是什麼我們會躲避挑戰——要保護我們的自尊，即使這表示會降低得到我們所想要事物的可能性。

我聽坎達兒訴說她的恐懼，怕自己不夠好。然後我問了她一個很簡單的問題：

• 如果你是錯的呢？

這是個非常強大的問題，而我們詢問的次數遠遠不足。如果你是錯的呢？如果你去試鏡，然而發現你真的就跟大家說得一樣好呢？如果你的想法真的就是下一個價值數百萬的生意呢？如果你不只能達到今年的目標，甚至還超越那個目標了呢？如果你以為單身沒那麼可怕，然而你真正的靈魂伴侶幾天後就要與你相遇了呢？你真的要讓你的擔憂阻止你做那些工

作、擁有充滿愛的生活，並成為最好的自己嗎？你最好是不要。

而就算你真的搞砸了，你還可以這樣對你自己說：

• 那又怎樣？

就算失敗了，那又怎樣？至少你嘗試過了。就我所知，有沒有得到角色並不重要，就像湯姆在酒吧看到的那位女士，也一樣並不重要，唯一重要的是**你**。能力在**你的體內**，唯一能夠獲取這些能力的方法，就是逼自己去嘗試。最好的你會出現在試鏡時，會走向酒吧裡的那個女士或男人，也會在工作時舉起手說出自己的想法。

你永遠沒辦法阻止自己去擔心某件事情，但你可以阻止自己讓這些憂慮把你拉到控制大腦的一連串憂慮裡。你可以穩住自己，可以讓自己去想一些更有力量的事。你回到當下，去追求自己想要的東西，這一切就只要五秒種。

對於想著要去做什麼卻沒做，我們全都很不應該，我們都在等待「正確的時機」，而這真的太愚蠢了。一篇最近的調查中指出，85％專業性勞務的員工承認，他們沒有把重要的意見告訴老闆。為什麼呢？你已經知道答案了——他們在等「正確的時機」。對你的孩子、伴侶、朋友和同事，也都是如此。

所有人天生都是如此。亞當·格蘭特（Adam Grant）

那本絕妙好書《原創：不循規蹈矩的人如何移動這個世界》（*Originals: How Non-Conformists Move the World*）當中，一個最有洞察力和啟發性的論述，就是他描述某些最偉大的英雄，其實就跟我們一樣，原因很單純：他們會猶豫、會懷疑自己，而且差點錯過生命中的機會，只因為他們覺得自己沒準備好。知道這些我們最崇拜的人物，也需要被督促，才能穿過恐懼、藉口和種種感覺，就跟你我一樣時，感覺真的很讓人安心。

你知道米開朗基羅，那個在羅馬西斯汀教堂（Sistine Chapel）裡作畫的藝術家吧？有個幕後故事你可能不知道，根據格蘭特在書中寫的，當教宗於一五〇六年要求米開朗基羅畫西斯汀教堂時，米開朗基羅被自我懷疑的感覺壓到吃不消，他不只是想要等一等，甚至還逃到佛羅倫斯去躲起來。教宗得要跟蹤他，足足煩了他兩年，才終於讓他同意作畫。

還想要另一個例子嗎？那看看這個跟蘋果相關的吧。一九七七年，當一位投資人給史帝夫・賈伯斯（Steve Jobs）和史帝夫・沃茲尼克（Steve Wozniak）資金，讓他們創立蘋果時，沃茲尼克覺得太害怕不安，他想要在辭職前「先等一陣子」，他一點也不覺得準備好了，他受到「賈伯斯、許多朋友和他的父母」督促，才放手一搏。

記得上一章關於金恩博士的故事嗎？他承認自己如果「仔

細思考了」，應該就會拒絕提名，不去帶領蒙哥馬利進步協會。
還有帕克斯女士，她承認自己從未想過「她會是那個做這件事
的人」。在那個時刻，他們都沒有停下來思考，他們沒有等到
覺得準備好了，而那正是我們所有人都需要做的。我們全都有
能力偉大，我相信，是我們的感覺和恐懼說服我們現在不是正
確的時機，阻止我們去達成偉大。

　　格蘭特接著在書裡寫了這句話，讓我的心感到沉重：「我
們只能想像，有多少個沃茲尼克、米開朗基羅和金恩，從來沒
有追求、公開或推廣他們原創的理念，只因為他們沒有被拖到
或丟到聚光燈下。」你要問問自己的問題是這個：

● 你到底在等什麼？

　　你是在等某個人來要求你、拖著你、拎著你或直接把你丟
到聚光燈下嗎？還是你願意找到勇氣自己推自己一把？你在等
待覺得準備好的時候嗎？等到正確的時機，等到有更多自信，
等到覺得想做，等到覺得自己值得，等到你擁有更多經驗。

　　有時候是沒有下次的，沒有第二次機會，也沒有暫停的時
間。停止等待，現在就做，或永遠失去機會。你在等待的時候，
不是在拖延，而是在做更危險的事，你是在故意說服自己「現
在不是時候」，你是在主動遠離自己的夢想。

寶拉原本打算說服自己，對一個很棒的工作機會，她「不可能合格」。而她真的錯得離譜。

我剛剛申請一個我從來沒想過自己會合格的工作，因為我想：「為什麼不就試試看呢？」我沒有關注在自己的缺點，而是強調我的資格，然後就得到工作了。是說，以前我一定在五秒鐘之後就忘了這件事，根本不會想去嘗試 ;-)
——寶拉

透過「強調她的資格」而不是關注在她的缺點上，寶拉就這樣突破恐懼，得到了工作。

你可能覺得你是在保護自己免於批判、拒絕或惹惱某人，但當你找藉口並勸自己等一等的時候，你就是在限制自己讓夢想成真的能力。我很驚訝地發現自己人生中浪費了多少時間，在等待正確的時機、等到我覺得很確定了，等到我覺得我的工作完美了，或等到我覺得想去做了。

你可能會害怕發現自己很糟糕，就像我女兒那樣。但讓我告訴你什麼才真的糟糕：年紀都大了，才後悔自己從沒有努力過。30 歲了，才發現自己因為對朋友看法的恐懼，而沒有在更年輕的時候，就放開手出去闖。而那些朋友，你其實再也沒有

跟他們說過話。56 歲了，才發現自己應該在十年前就跟配偶離婚。45 歲了，才希望自己當初有那個勇氣接下那個，你現在知道會改變你職涯跑道的專案。或者是坐在大學課堂裡，念一個讓你父母高興的學位，但心裡清楚你的人生想要做不一樣的事情，

　　沒有正確的時機，唯一有的就是現在。你只有一次人生，就這樣，它是不可能重頭來過的。要不要逼自己去發揮極限，全操之在你，而行動的時間就是現在。

▍透過追求想法來實現

　　聽到這麼多懷抱著創意理念和製作概念的你，在等待別人去實現你的夢想，是多麼讓人心碎的事。這件事如此悲傷，是因為等待實現，其實就是讓你的夢想死亡。如果你有表演或寫書的想法，然後卻在等待電視公司或出版社的執行經理來找你，那你就輸定了。這就像酒吧裡的湯姆，希望他的靈魂伴侶會自己朝他走過來，主動選上他一樣，也就跟我在等待我覺得有動力醒來、離開我的床一樣。等到你覺得自己準備好了，並不會讓一切成真，這個世界不是這樣運作的。

　　這個世界獎賞那些夠有勇氣停止等待，並開始行動的人。

如果你夢想要上電視，我可以從第一手的經驗告訴你，那些你希望來挖掘你的電視節目製作人，其實現在都在 YouTube 上面尋找沒有在等待的人。那些有勇氣開始、創作，並把自己和自己的想法端出來的人，才是會獲勝的人。

一本你想要寫的小說，和寫出超級暢銷書《格雷的五十道陰影》三部曲（被世界上幾乎每一位女性津津有味地品嘗，四天之內就賣出一百萬本）的英國作家 E・L・詹姆絲（E.L. James），你們之間真正的差距，就是她沒有等待批准，沒等待正確的時機，或等到覺得準備好，她沒有等到自己拿到書的合約。事實上，她是在一個暮光之城主題的部落格上開始寫情色小說的！她找到勇氣從小地方開始做起，並一遍又一遍的公開自己的作品，直到她建立足夠的信心寫書為止，而《格雷的五十道陰影》就是那本書，一位有孩子的職業婦女，用空閒時間寫作，並自己出版的書。就是這樣。

還有，獲得葛萊美獎的音樂人紅髮艾德（Ed Sheeran）被發掘的過程也是如此。他 15 歲時，在英國的公園裡演奏音樂，沒有任何批准也不保證有人會注意到他。這就是你要採取的方法，把自己推到舒適圈外面，然後就開始做，沒有其他的方式了，你得停止等待「正確的時機」，直接開始。獲得許多獎項的喜劇《大城小妞》（*Broad City*）能在喜劇中心頻道（Comedy

Central）開播也是這樣。他們帶著勇氣表演，一開始先用 iPhone 錄三分鐘的短片，放在 Youtube 上。

　　每一位 Youtube 明星，從泰勒·奧克利（Tyler Oakley），到化妝教學名人蜜雪兒·潘（Michelle Phan）、《我的茫廚房》（*My Drunk Kitchen*）主持人漢娜哈特（Hannah Hart）、《當個創世神》（*Minecraft*）遊戲實況主「Stampy Cat」，他們都會告訴你，如果他們當初告訴自己等到覺得準備好了，或直到他們有贊助商，他們現在依然還是過著無聊的生活，而不是打造出夢想中的人生，還能名利雙收，一路笑到銀行去。

　　等待、思考，還有「差點就要做」都不算。正如凱拉說的，要改變任何事，你必須確實去做。#AlmostDoesntCount（差點要做不算數）

Kyra ✉

5-4-3-2-1 Go！昨天晚上，我差點就沒去社區舉辦的「街區派對」，因為下班後累得要命……我差點就決定不要去那裡的捐血車捐血……我差點就沒有跟正好也在那裡捐血的和善護士交談。在我離開前，我差點就沒有跑回家，去拿我的第三方工具給她。我今天早上差點就沒有問她後續狀況，而當她邀請我過去和她還有她的朋友們聊天時，你知道怎樣嗎？我差點就沒去了，因為我還穿著睡衣，沒有專業的派頭，也覺得

毫無準備……

但我還是去了，現在呢？我今晚要進入兩個新的 PC 家裡，明天也有兩個，而我已經正式得到九月 NLC 的資格，現在十月的也已經達成一半了。這個故事告訴我們 #AlmostDoesntCount#justdoit

那些讓他們的夢想成真的人，以及我們這些還沒有的人，之間的差別的就只有一件事：開始並督促自己持續努力的勇氣。法則能夠改變一切，因為它會 5-4-3-2-1 迫使你從頭腦裡跳出來，開始行動，而它也將 5-4-3-2-1 幫助你繼續前進。

現在回到芝加哥海德攝政飯店酒吧旁邊的湯姆，他會開始走向房間另一端的女孩，還是決定等待？嗯……這就要看看了，要看是誰替湯姆做這個決定，會是湯姆的心做決定，還是他的大腦做決定呢？湯姆的夢想會獲勝，還是他的恐懼會獲勝？針對像這樣的關鍵時刻，羅莎・帕克斯提供了一些很棒的建議：湯姆得去做「必須做」的事。湯姆心裡清楚什麼必須做，他必須再次開始好好生活。

等待沒有幫助，等待只會讓事情更糟糕。當你帶著恐懼與不確定感坐在那時，你的大腦會讓它不斷擴張，這就叫「聚光燈效應」，是大腦眾多把戲中的一種，目的是要讓你保持「安

全」。

湯姆感受到的恐懼是真的，那種不確定感很可怕，自我懷疑可以讓你寸步難行。沒有人想要被拒絕，或覺得自己是傻蛋，沒有人想發現自己「很遜」。

這就是為什麼，在你走進一個會議、派對、面試、自助餐廳，或走向某個你覺得很迷人的對象之前，感覺會那麼令人畏懼。即便有千百種可能性，我們還是會想到哪裡可能出錯，或是如果沒人歡迎我們，那感覺有多尷尬。

但安全並不是湯姆想要的，湯姆想要重新建立自己的生活，再次找到愛，而這都需要勇氣。縱使邁開第一步，走向吧台的另一邊那麼可怕，不過湯姆已經準備要感受行動的那瞬間，生命中會有的所有美好、驚奇和喜悅。

你可以同時感覺不安和準備好了，你可以害怕卻還是去做，你可以害怕被拒絕，但還是勇往直前。

五秒鐘的勇氣能改變一切

湯姆開始在心裡倒數「5-4-3-⋯⋯」，數到 2 的時候，他就開始穿過房間。他並不知道要對她說什麼，他的心跳在加快，但這是好長一段時間以來，他第一次不再感覺麻木，他有活著

的感覺。他越靠近她，心跳就越快，而她就在他走近時，轉過身來。接下來發生的事情就……不重要了。

發生什麼事情並不重要，是因為她要不就是成為他的靈魂伴侶，要不就是沒有。故事的結局並不重要，**唯一**重要的事情，是故事的開始，是湯姆做出決定，開始重新生活。這就是你聽從心的方式，不管你是重新開始約會、創立一間公司，或開一個 YouTube 頻道，你必須找到開始的勇氣。

這裡要注意的，我們都急切的想要確定湯姆「跟那女孩在一起了」。這會是很棒的電影情節，但「跟那女孩在一起」並不是重要。**人生並不是尼可拉斯‧史派克**（Nicholas Sparks，美國小說家，著有《手札情緣》、《瓶中信》等）**的小說，人生是艱難、困苦，然後突然變得光明又燦爛**。此外，那個女孩可能已經訂婚了，可能是同性戀，可能是徹頭徹尾的壞女人。就算她真的很棒，他們開始有了火辣的性關係，或接著結婚了，「那女孩」並不是這故事中的動力來源，湯姆才是。

你人生中的寶藏，就埋在**你**裡面，而不是在別人裡面。湯姆才是他人生動力的來源，而你才是你人生動力的來源。當你聽從你的直覺，並 5-4-3-2-1 督促自己去榮耀它們時，你就釋放了那股動力。當你發現你的「內在真實自我」，它就會成為「世上最重要的禮物」。

Melody Fowler

從達拉斯那天起,我每天都使用五秒法則(好幾次)!它幫助我清除負面思緒,幫助我主動去找人並開始對話,否則我可能根本不會開始,它完全帶出了內在的真實自我!而那對我而言,是世上最重要的禮物,成為自己,也告訴我女兒該怎麼做!

謝謝你,梅爾!

　　尚巴堤斯也看出了這點。他寫信給我,說他明白了「沒有人會來叫他活出他想要的人生,想要在這世界創造出自己的空間,唯一的方法就是行動」。

 Jean-Baptiste

哈囉!我只是想要讓你知道,我很欣賞你的工作以及你向全世界分享的觀念。我現在 19 歲,看了你的 TED Talk 和其他演講,讓我明白沒有人會來叫他活出他想要的人生,想要在這世界創造出我自己的空間,

唯一的方法就是行動。我相信每個人都能為我們的世界帶來一些全新、原創的東西。真的，你幫了很大的忙，謝謝你。繼續一次一小步的改變這世界。

帶著愛的，JB

如同尚巴堤斯說的，我也「相信每個人都能為世界帶來一些全新、原創的東西」。創造偉大的潛能，就在我們每個人身體裡面。

活化你能力的方法，就是找到每天需要的勇氣，督促自己不斷向前。當你聽從你的直覺（「起床面對這一天，梅爾」、「少囉唆，開始往前走，湯姆」、「照顧你的姪子，凱薩琳」、「不要放棄你的座位，羅莎」），你必須做什麼其實非常清楚。

當你跟著心裡的想法做時，就不會再有爭辯。唯一能讓大腦裡那些碎碎念安靜下來的方法，就是行動的決定。就如我在這本書一開始說的一樣，你距離一個完全不一樣的人生，真的只差一個決定而已。

我們都非常害怕不確定的感覺，所以甚至還沒嘗試，就想得到保證。我們想要證據指出如果我們冒險，就可以「跟那女孩在一起」。但就算湯姆跟那女孩在一起了，也不代表你一定

可以。「跟那女孩」或「那男的在一起」，這件事情只是個數字遊戲。想玩任何遊戲，你必須開始。想要贏，你就必須持續前進。如果你想要讓夢想成真，那就準備好長期抗戰。

　　人生可沒有一步登天這種事，你必須努力爭取自己想要的。你知道憤怒鳥這個遊戲嗎？Rovio，就是這個遊戲的公司，他們在做出憤怒鳥之前，推出過 51 款不成功的遊戲。還有《復仇者聯盟》的影星馬克・盧法洛，你知道他在得到自己的第一個角色之前，參加過多少次試鏡嗎？差不多 600 次！甚至貝比・魯斯也被三振出局 1,330 次。我最喜歡的吸塵器是戴森（Dyson），而為什麼它能在吸塵上表現得毫不遜色，就是因為詹姆斯・盧戴森（James Dyson）創造出 5,127 款原型！什麼？最後一個例子才真的會嚇壞你，畢卡索一生創作出將近 100 幅傑作，但大多數人不知道，他總共創作出超過 50,000 幅畫作。

　　你有看到最後一個數字嗎？50,000。那就是一天兩幅。成功是個數字遊戲，而如果你繼續告訴自己等一等，你永遠也不會贏。你越常選擇勇氣，你才越可能成功。

　　當你 5-4-3-2-1 推自己向前時，你就會發現生命中的奇蹟，你會向全世界、向機會和可能性敞開自己。你可能不會得到你想要的那女孩、那個部分或那個回應，但那並不是重點。到最後，你會得到更酷的東西——發現你內在的力量。

等一下。

讓我想太多。

第 7 章
你絕對不會有想做的感覺

「成長並成為真正的自己，

是需要勇氣的。」

──美國詩人 E・E・卡明斯（E.E.Cummings）

德州普萊諾市（Plano, Texas）裡，一個炎熱的午後，克麗絲汀正在開工作會議。她的老闆召集這次會議，要討論什麼方法有助於爭取一個規模非常大的諮詢業務。目前剩下兩間公司，而下個星期就要做出決定。克麗絲丁一面聽一面筆記，突然她想到一個完全跳脫框的主意。

如果我們建立一個客製化的地理篩選器 Snapchat，將它標記在潛在客戶的辦公大樓……那棟大樓裡的每個 Snapchat 使用者都會看到，這樣他們就會開始討論我們的公司。

　　她的腦中開始充滿各種可以做的酷炫事情，同事的討論漸漸停下來，業務發展部門的副總理開口：「這些都是很棒的建議，還有其他的嗎？」

　　克麗絲汀將在接下來的五秒鐘內做出決定。

　　她知道自己應該加入討論，但她先停下來想。這聽起來會不會很瘋狂？其他人完全沒說過任何跟這個有關的事。她在座位上挪動了一下。其他人都沒提到 Snapchat 會不會是有什麼原因？現在她開始質疑自己到底該不該說出這個想法。

　　在下個五秒內，克麗絲汀可以決定什麼也不說，這模式已經成為她工作中的習慣了，或者她可以鼓起勇氣開口。此外，克麗絲汀有個目標，她想要在職場上更進一步，但擔心自己若不提高執行能力，就會被人忽視，無法登上更高階的職位。她花了很多時間思考自己應該做什麼，然後她寫信給我，因為她掙扎著不知道自己有沒有能力做到。她的自信正急速下降。

　　她看過許多很棒的書籍，像是《挺身而進》（*Lean In*）、《部落：一呼百應的力量》（*Tribes*）、《脆弱的力量》（*Daring Greatly*）、《信心密碼》（*The Confidence Code*）。她參加許多女性研討會，認真聽從老師的指示，也會在家裡鏡子前練習有自信的姿勢。正因為這些研究和閱讀，克麗絲汀知道**她必須做什麼**（分享策略性的想法、積極主動、挺身而進、更人更能看

見她、自願接受眼前的專案），她也知道為什麼她必須做這些事情。

你可能在想，那克麗絲汀到底為什麼不在有機會的時候就直接發言呢？這是很棒的問題。

答案很簡單：她輸給了自己的感覺。克麗絲汀有困難的不是發言，而是處理自我懷疑的感覺。當然克麗絲汀知道怎麼在會議中發言，她不知道的是怎麼打敗那些攔阻她的感覺。

如果你曾經懷疑過，為什麼你明知道某些事能解決你的問題、改善人生，但就是那麼難以做到，答案很簡單，是你的感覺。我們沒有人察覺到，但我們做決定時，幾乎都不是運用邏輯，不是用我們的心，不是根據目標或夢想，而是用感覺。

在那個當下的感覺，幾乎從不會是想做對我們最好的事。以克麗絲汀為例，她知道對她最好的是什麼：發言。然而在那個瞬間，她的感覺卻讓她再度質疑自己。無數的研究顯示，我們會選擇現在感覺比較好，或感覺比較簡單的事，而不會去做那些我們明知道以長期的角度看，會讓我們變更好的事。

一旦你知道自己的感覺就是問題所在，那你就有能力去擊敗它們。看看在德州普萊諾那場會議中，克麗絲汀的感覺湧現速度有多快。不到五秒鐘，自我懷疑的情緒就充滿她的腦袋。我們每個人都是如此，而當你知道做決定時，感覺扮演什麼樣

的角色，你就可以打敗它們。這是你必須知道的：

• 你根據感覺在做決定

我們希望做決定時，是運用邏輯或考慮到目標，但事實並非如此。神經科學家安東尼奧‧達馬西歐（Antonio Damasio）指出，95％的時候，都是感覺在替我們做決定。你在思考前先感覺，你在行動前也先感覺。就如達馬西歐說的，人類是「會思考的感覺機器，而不是會感覺的思考機器」。這就是你最終做出決定的方式：根據**你的感覺**。

達馬西歐研究過一些大腦有損傷，無法感受到任何情緒的人，然後發現相當有意思的現象：這些研究對象都無法做決定。他們可以很有邏輯的分析他們**應該做什麼**，以及**那些選項的優點與缺點**但他們沒辦法確實做出決定。就連最簡單的問題，像「我想要吃什麼？」都會讓他們動彈不得。

達馬西歐的發現就是你要理解的重點。每次我們要做決定時，潛意識裡就會權衡所有選項的優缺點，然後大吼：**根據我們的感覺吧**。這就發生在十億分之一秒內，所以我們沒人能意識到這過程。

例如：當你問自己說「我想要吃什麼？」你其實是在問「我感覺想吃什麼？」同樣地，我也不是問「我應該起床

嗎？」潛意識裡，我是在問「我感覺想起床嗎？」湯姆不是在問「我想要朝她走過去嗎？」潛意識裡他是在問「我感覺想要朝她走過去嗎？」克麗絲汀在工作時也是這樣，她不是在問「我應該分享我的想法嗎？」潛意識裡，她是在問「我感覺想分享我的想法嗎？」

這兩者有極大的不同，而且解釋了為何改變如此困難。邏輯上，我們都知道自己**應該**做什麼，但我們**對做這件事的感覺**，替我們做了決定。你的感覺會在你根本還沒察覺發生什麼事之前，就替你做好決定了。如果你只在你感覺想做時才行動，那你永遠也得不到自己想要的。

你必須學習如何把感覺和採取的行動分開來，在這方面，#5SecondRule 五秒法則是極有效的工具。

你**覺得太累**時，你就會決定不要去慢跑，**但 5-4-3-2-1-Go！你可以讓自己出去跑一趟。**

如果你**沒有想要**處理桌上那張待辦清單**的感覺**，你就不會去做，**但 5-4-3-2-1-Go！你可以強迫自己開始處理那些事。**

如果你**覺得自己不值得**，你就會決定不要把你真正的感覺告訴他，**但 5-4-3-2-1-Go！你可以讓自己說出口。**

如果你不學習怎麼把感覺和行動分開來，你永遠也沒辦法釋放自己真正的潛力。

感覺就是這樣讓你不去改變，你停下來思考自己的**感覺**時，就是停止邁向你的目標。一旦你猶豫，就會開始思考你必須做什麼，就會開始權衡各種優缺點，你會考慮**你對那些必須做的事情有什麼感覺**，然後你就會勸自己別去做了。

我之前說過，不過現在要再說一次，因為這實在太重要了。要遵守飲食習慣、執行商業計畫、修補破碎的婚姻與重新建立人生、達到銷售目標，或是贏過一位糟糕的經理，你並不是在挑戰你的能力，你是在挑戰你對做這些事的感覺。你絕對有足夠的能力可以把一切變得更好，不管你感覺如何。

你無法控制自己的感覺，但你隨時可以選擇如何行動。

你有想過專業運動員怎麼能做到那種境界嗎？一部分是天分和練習，但另一個關鍵因素，是需要技巧：把自己的情緒隔開，督促身體和嘴巴動起來的能力。足球比賽進入第四節的時候，他們可能感覺很累了，但他們不會表現出累。感覺只是一種建議，最傑出的運動員和團隊會忽略它。想要改變，你也必須這樣做，你必須忽略你的感覺，如同 Nike 告訴你的，不管怎樣，**做就對了**。

每個人都會陷入自我懷疑的感覺，就像林曼努爾·米蘭達（Lin-Manuel Miranda），他製作的音樂劇《漢米爾頓》（*Hamilton*），是 2016 年贏得贏得 11 座東尼獎（Tony

Awards）的震撼巨作。他花了六年時間寫《漢米爾頓》，你可能夢想著寫出下一部《漢米爾頓》，而你也非常可能做到。只是不要忘了米蘭達花六年時間去寫這齣劇，期間的每一步，他都得和自我懷疑的感覺作戰。

最近，他在推特上貼了這則訊息，是他和太太凡妮莎（Vanessa）之間的對話，時間是在《漢米爾頓》首映整場完售每張票價一千美元的三年前，當時米蘭達還在寫這齣音樂劇，和自我懷疑的感覺對抗時：

「我一直很難在這兩件事間找到平衡點：在它進行得沒有如我所想那麼順利時，不要打擊自己，以及當我在等待它產生之際，不要浪費時間。」

米蘭達怎麼做？他督促自己繼續寫。這就是為什麼他會在自己的頁面上貼這則訊息，因為要提醒大家，我們都是一樣的。我們同樣都會受困於自我打擊的情緒中，唯一的出路就是穿過它。所以 5-4-3-2-1，少囉唆，「回到你的鋼琴前」。

Lin-Manuel Miranda
@Lin_Manuel

這段對話發生在三年前。繼續寫，回到你的鋼琴前。

3 年前的今天

我：有時候寫作不如我想的那麼順利。

凡妮莎：我知道。

我：我一直很難在這兩件事間找到平衡點：在它進行得沒有如我所想那麼順利時，不要打擊自己，以及當我在等待它產生之際，不要浪費時間。

凡妮莎：每個人隨時都有那種問題。

我：你是說，這不只發生在我身上的獨特問題嗎？

　　我也很喜歡他太太的回應：「每個人隨時都有那種問題。」她說得沒錯，我們全都會懷疑自己，這是事實。你可能會犯的最大錯誤，就是相信感覺告訴你的謊言。不要等到你想做才去做。5-4-3-2-1，回到你的鋼琴前。

　　讓我們回到德州普萊諾的會議，克麗絲汀有個決定要做的情境。在過去，只要她感覺不確定，她就會低頭看自己的筆記，什麼也不說，在五秒鐘之後，那個瞬間就會消逝了。如果其中一個同事提出了類似的想法（同事經常都會提出），她就會花

整個下午的時間責怪自己不發言。

　　但今天，克麗絲汀做了不一樣的選擇。她害怕自己即將要做的事，而她又可以感覺到那五秒的空間，就在大腦反抗的同時要流逝了。她緊張得要命，然後開始使用法則。

　　她開始在腦中倒數，讓自我懷疑的聲音安靜下來，然後切換大腦的模式。

　　5……4……3……2……1！

　　倒數打斷了她的正常行為模式，讓她不去想那些恐懼，製造出刻意行動的時刻。透過有意識的穩住那個瞬間，她活化前額葉皮質，然後就可以控制自己的思考與行動。接著她張開嘴巴說：「我有個想法。」

　　每個人都轉過來看她，她突然覺得自己大概會死在那裡，於是她督促自己繼續前進。她稍微挺起身體，雙手手肘在桌上張開一點點，占據稍微大一點的空間（就是擺出有自信的姿勢），然後開始說話：就是，我有一個想法，你們知道從統計數字來看，所有千禧世代的人都在用 Snapchat 平台……

　　每個人都傾聽她的想法，問了幾個問題，然後她老闆說：「謝謝，克麗絲汀，相當有趣的建議，還有其他想法嗎？」外表看起來，沒有發生什麼天崩地裂的事，但在她心裡，某些改變人生的事發生了。她找到她需要的勇氣，成為她一直想要

在工作中成為的那種人：超級巨星。

克麗絲汀說了什麼並不是重點，是她終於開口發言，才讓那一刻變得如此重大。分享關於社群媒體活動的想法所改變的事物，遠比公司的行銷策略重要，它改變了克麗絲汀，不只是改變她的行為模式，也改變了她對自己的看法，甚至改變了她的心態。這就是你建立自信的方式，一次一個五秒鐘的行動。

她使用法則觸碰到內心深處，找到了一點勇氣。藉由開口，而不是像平常那樣壓抑，她就在德州普萊諾會議室裡，一個普通的下午，向自己證明了她其實夠好也夠聰明，可以在工作中貢獻一些想法。

這是很小但非常有紀念意義的步驟，需要勇氣。法則就是方法，讓她勇於冒險，並開始運用我們都知道有用的建議。使用法則，她就像雪柔‧桑德伯格（Sheryl Sandberg）鼓勵挺身而進，像賽斯‧高汀（Seth Godin）期望超越蜥蜴腦，像亞當‧格蘭特（Adam Grant）推崇「原創者」般的行動，並像布芮妮‧布朗（Brené Brown）建議大膽去做。

我先前說過，法則是個工具，可以創造立即性的行為改變。而這正是克麗絲汀運用的方式，也是你即將要運用的方式。經由有意識的控制，克麗絲汀可以擊退通常會阻攔她的感覺，讓她在工作中更有自信。她越常使用法則來表達自己的想

法，就會變得越有自信。

　　自信是一種透過行動建立的技巧。美國社會心理學家提摩西・威爾森（Timothy Wilson）寫了關於心理干預的功能，「做好事，成好人」，這說法可追溯到亞里斯多德時期。這句話的意思，就是先從改變人的行為開始，就會接著改變他們的自我認知，根據自己做什麼樣的事情，認定自己是什麼樣的人。

　　#5SecondRule 五秒法則是你的最佳盟友，就是這個原因。它是一個行動的工具，可以讓行為改變，符合你的目標和承諾。它不是一種思考的工具，因為到頭來，想要改變你的人生，你做的事情必須比想的事情多才行。

　　威爾森顯然同意這點，他曾說過「我們的大腦並不笨，不是跟你的大腦說『要正向思考』就夠了，你必須慫恿自己多做一點相應的事。」而我認為你必須做的不只慫恿，你得穿越那些阻止你的感覺，努力打破阻礙你的習慣。然後你必須用勇氣的習慣，來取代每一個帶著毀滅性的習慣。

　　下一次會議中，克麗絲汀會需要練習每天的勇氣。她會有些話想說，而她也會覺得不確定、不自在，她要把想法說出口時，會懷疑自己，然後她會猶豫並感覺到自己的抗拒。這就是推自己一把的時刻，是你的價值觀和目標一致的時刻，但你的感覺會告訴你「不要！」克麗絲汀必須使用 #5SecondRule 五

秒法則督促自己開口。

　　她越常使用法則，就能越快打破在會議中保持沉默的習慣，並用新的習慣「勇氣」去取代它。克麗絲汀越能夠表達出真實的自己，說出她心裡的想法，她就會變得越有活力、越能與大家交流，也越有做主的能力。

　　奈特就知道這種做主的能力是什麼感覺，他「現在每天」使用 #5SecondRule 五秒法則，督促自己發展他的健康事業。

我的天，太棒了……我現在每天使用這東西。我今天才剛使用它，在我工作的醫院裡，我跟一位看起來超冷漠的行銷代表會面。她是醫院裡正在等候的病患，我接近她，開始對話，然後拿到她的聯絡資訊以保持聯絡，終於在後續的會面中跟她介紹了我的生意資料。

　　卡蘿藉著讓自己「離開我的舒適圈」，找到勇氣達成她生命清單中的其中一項 #lifegoals #bucketlist：在專業研討會中，對她的護理同事進行演講。

Carol
@Lin_Manuel

我想要謝謝梅爾‧羅賓斯，幫助我戰勝了公開演講的恐懼⋯⋯2016 年五月，我在 NTI 聽到你的演講，你鼓舞了我，要挑戰成為更好的自己，並且「離開我的舒適圈」！你的演講讓我深受啟發。第一步的其中一部分，就是遞交我的計畫申請公開演講，申請通過了，我也在護理同事面前演講，就在馬修颶風登陸前的幾個小時⋯⋯#lifegoals（生命目標）#bucketlist（死前清單）

（早期膿毒症辨識：將成功的早期膿毒證辨識部門專案轉變為住院病人檢查項目）

當亞歷山卓受邀進行一場工作演講時，她的腦中充滿了藉口。「就在一次 5-4-3-2-1 之內」，她在那「改變一切的瞬間」行動，而這行動給她自信帶一堂「碩士班的課程」！

我受邀去進行第一場演講（關於網路行銷）時，我想著：「噢太好了，但我真的要這麼做嗎？這並不完全是我的專長⋯⋯而且在另外一個鎮上⋯⋯而且我還得要在星期六早上那麼早起！此外，我一個星期的行程已經超級繁忙又疲倦，我哪來的時間準備那場演講？還有一個小小的細節：他們會喜歡嗎？說不定會笑我吧？」

然後就在一次 5,4,3,2,1 之內，我站起來，心想：「如果是梅爾‧羅賓斯，一定想也不想的就說好！於是我就那麼做了！那就是改變一切的瞬間！有了我那超棒老公的幫忙，我安排了那場演講，從頭到尾讀了一千次，利用時間在鏡子前練習，而我要很驕傲的說，那場『網路行銷研究』的課非常成功！在那之後，我又受邀去講了更多場課，甚至還帶了那學校一堂碩士班的課程！」梅爾，謝謝你所有的影片、書籍，和社群媒體的貼文，真的將我的 No 都變成了 Yes ！

這是一張第一場演講時的照片！請再讓我知道後續！

XO 亞歷山卓

為什麼使用 #5SecondRule 五秒法則會如此自由，原因是你不只抓住了那個當下，還掌控了自己的人生。你把「No 都變成了 Yes」。如同吉姆說的，「千萬不要低估自己的力量」，他使用法則戰勝了「分析癱瘓」，現在擁有「非常美好的一年」。

 Jim Goldfuss

梅爾‧羅賓斯的五秒法則為我創造了非常美好的一年。我所完成的和準備要做的事，雖然都需要我自身的積極和努力，但使用法則避免分

> 析癱瘓和自我懷疑，幫助非常大。千萬不要低
> 估自己的力量，而且盡量使用成功人士使用的
> 工具，幫助你達成目標！我對這一年的發展充
> 滿了信心！

正如威爾森和亞里斯多德說的：「做好事，成好人」。先改變你的行為，因為一旦你做了，就會改變你看待自己的眼光。這正是安娜·凱特使用 #5SecondRule 五秒法則時發現的。她是一位行銷人員，以前當整個房間裡的人都在看時，她總是保持安靜，擔心同事覺得她「又笨又沒經驗」，但她發現，當她找到勇氣改變工作中的行為時，就發生了她從未想過的事：她的「創意源源不絕」。

嗨梅爾，

這是我的五秒法則故事：

隨著我心不甘情不願的把自己從床上拖起來（在五秒之內），要做 7：30 前的 30 分鐘規劃（受到你的啟發！）和其他早晨例行事項，受五秒法則影響最大的就是我的事業。

我在做行銷，所以我們經常都要留意新想法。一個新想法可以成長，發展成完整的行銷活動，為客戶達到

重大成果。沒錯,就是小小的吉光片羽。為了把這些想法組織起來,我喜歡在包包裡放一本小筆記,不管到哪裡都帶著,把我想到的東西快速寫下,但大多都是想法而已。

使用五秒法則後,我不再反覆思考,或考慮這些想法長期來說是否可行,我也不再放著等待證實,那些都是以後可以處理的事,我只需要把想法寫下來就好,之後再回頭看,花點時間想一個周全的策略。

我以前是個超級膽小鬼,每次要分享想法,甚至只是寫下來都不敢!我太過關注自己,擔心別人不知道會怎麼想,會不會覺得我又笨又沒經驗。但自從我把我的受驚貓咪症候群擺到一旁,創意就源源不絕了。現在我都記不起當初到底在擔心什麼了。

謝謝你的五秒法則!

P.S. 我的團隊現在在執行我的想法 :)

安娜．凱特

　　你可以感覺像隻「受驚的貓咪」,但仍 5-4-3-2-1 勇敢行動。每天的勇氣之核心就是選擇,一次五秒鐘,你選擇去做、去說、去追求對你真正重要的事物。這就是為什麼勇氣和自信之間會有如此緊密的連結。每次你面對懷疑時,5-4-3-2-1,直接穿過去,你就是向自己證明你有能力。每次你覺得害怕,5-4-3-2-1,

不管怎樣還是去做，你就展現了內在的力量。每次你打破自己的藉口，5-4-3-2-1 說出口，你就是在榮耀自己內心那想被傾聽的偉大。這就是自信成長的方式——一次一個小小的、充滿勇氣的行動。

本来應該

本来可以

本来要

做了。

第 8 章
如何開始運用法則

「不管你覺得自己做得到或做不到，
你都是對的。」

——福特汽車創辦人
亨利・福特（Henry Ford）

　　開始運用 #5SecondRule 五秒法則的最快方法，就是跟我用一樣的方式。這裡有個簡單的「起床挑戰」，你明天早上就可以做，就此開始使用法則。只要把鬧鐘設定比平時早 30 分鐘，到它響起來的瞬間，就倒數 5-4-3-2-1 讓自己離開床。

改變很單純，但不容易

　　這個挑戰之所以很重要，有幾個理由：

　　首先，它沒什麼彈性空間。這挑戰非常直接了當，只有你、

你的鬧鐘，跟 5-4-3-2-1 而已。如果你失敗，唯一原因就是你決定要丟開 #5SecondRule 五秒法則。

第二，如果你可以改變早晨的固定行程，你就可以改變一切。改變需要有意識的行動，不管你感覺如何。如果你可以駕馭生活中的一部分，你就可以駕馭所有你想要改善的部分。

第三，我希望你體驗一種叫做「活化能量」的觀念，感受一下逼自己去做這麼簡單的事，實際上有多難。在化學領域中，「活化能量」是開啟化學反應所需的最小能量。化學家發現，這個起始的能量，比讓這項反應繼續進行的所需能量平均值大很多。這跟起床有什麼關係？關係大了。逼自己起床的初始能量是最大的，一旦你起床開始移動，所需的能量就不用那麼多。

匈牙利傳奇心理學家米哈里・契克森米哈賴（Mihaly Csikszentmihalyi）將這個概念套用到人類行為上，認為活化能量是改變如此困難的一大原因。他將活化能量定義為「改變起初所需的強大推力」，不管是讓靜止中的車輛動起來，還是早上把你從溫暖被窩中拖出來，都是如此。

菲律賓的傑洛米寫道：

「感覺很不舒服，因為我和大腦都還沒準備好要使用這

樣的法則，但我很願意練習。」

　　第一次爆發的活化能量是很不舒服沒錯，但我希望你去感受那種抗拒感，這樣你才會知道督促自己的感覺。

　　如果你沒有得到這麼巨大的推力（就像你小的時候，媽媽關掉電視對你說：「今天天氣很好，去外面做點其他事情吧。」）你的大腦必定會說服你什麼也不要做。

　　當你開始倒數 5-4-3-2-1，這就是連鎖反應的開始，不只會喚醒前額葉皮質，還會讓你準備好接受改變所需要的、肉體上的「初始強大推力」。

　　當你在鬧鐘響的那一刻醒床，這行為就給了你個人的力量。當鬧鐘響起就起床，這樣的一個小動作，其實顯示了你有內在力量，可以完成所有必須做的事。此外，如同艾瑪發現的，它會讓你「一整天都帶著更積極的心態」。

 Emma

嗨梅爾，我昨天晚上聽了你的 Ted Talk，然後今天早上醒來時，不知道是……幾年以來的第一次……我沒有按下貪睡鍵。我從沒有一整天都帶著如此積極的心

> 態！我很期待把這個方法用在生活中的所有方面！
>
> 我只是想要跟你説，你的話語和生活中的教訓，正在傳遞給全世界的人！

　　這也是崔西體驗到的。藉由早上五點起床，使用法則督促自己起床去健身房，崔西已經能夠用更積極的方式開啟自己的一天。

 tracy

從早起健身開啟這一天……還有一點點來自 #5Second Rule 五秒法則的幫助，謝謝你！ @melrobbins

　　如果你無法讓自己起床，那麼你永遠沒辦法追求其他，你希望在生活中達成的改變了。但如果你採取這樣簡單的步驟，先掌控每天的早晨，你就能催化一連串的事件，引導一切做出改變。

如何設定自己邁向成功

1. 在你睡覺前，把鬧鐘放在另外一個房間裡，把時間設定在比平時早 30 分鐘。就算像派蒂說的，「把自己從床上拖起來」並不容易，你還是必須督促自己完成這項挑戰。

 Patty

剛剛聽完你的 TED 演講，我明天提早 30 分鐘起床時，一定會咒罵你，但我還是會把自己從床上拖起來！

你可能會想知道，為什麼我要你在開始進行這項練習時，將鬧鐘設定提早 30 分鐘。理由很簡單，我要它**感覺**很難，好像你真的必須把自己從床上拖起來，就像派蒂說的那樣。

2. 明天早上，鬧鐘一響起，睜開眼睛，就開始倒數 5-4-3-2-1。把被子丟開，起來，走出你的臥室，開始一天的行程，不可以拖延，不可以用枕頭遮住耳朵，不可以賴在床上，不可以按貪睡鍵，不可以爬回床上。

這是你可以預見的：鬧鐘響起的那一刻，你會開始想你對

起床的**感覺**是什麼。你會想「這個起床挑戰太愚蠢了。」你會**感覺**很累，你會試著說服自己「明天再開始好了。」

　　就跟提姆一樣，你不會想要起床的，但是 #5SecondRule 五秒法則會給你某些幫助你起床的力量，讓你在跟感覺的戰爭中獲勝。

早安！我想讓你知道，我今天早上使用了五秒法則。我的鬧鐘 4：30 響起，要去健身房運動。我一點也不想要起床，然後五秒法則出現在我腦中，我立刻就起來了。只是想要說聲謝謝你！

　　當 #5SecondRule 五秒法則出現在提姆腦中時，他就能夠立刻起床到健身房去。我們很多人在生活中都會有「就是不想做」的念頭，在那些時刻，法則會幫助你採取行動，就像潔西卡的經驗：

　　「我發現，在那些『我就是不想做』的念頭悄悄浮現的日子裡，其實就是每天，5-4-3-2-1-Go！真的很有幫助，所以再說一次，**謝謝你！**」

那種「我就是不想做」的態度有辦法控制你的一整天，這也是另一個理由，說明使用法則為何如此重要。法則對你生活的其他部分，都有積少成多的效果。問問史蒂芬就知道，他寫信給我，提到第一次嘗試「起床挑戰」的前一晚。

> 我在 YouTube 上看了你的 Ted X，真的很有啟發性。
> 我明天早上就要 6：30 起床，把被子丟開，不按貪睡鍵。
> ─史蒂芬

我問他早起進行得如何，他說自己第一次嘗試時，簡直「糟透了」，但隨著時間過去，開始「有很大的不同」。他的「心態真的在幾分鐘內改變了」，自從開始進行起床挑戰，他還找到了一份新工作，讓他可以「開始過著真正的生活」。

> 進行得如何？糟透了啊，我恨早晨，我也恨以前做過的每份工作，我總是有得做就好，很少追尋自己的熱情，我一直都「還好」。
>
> 我傳那個說要 6：30 起床的訊息給你時，已經四個月沒有工作了。我不會說我再也沒有貪睡過，確實有很大的不同。我以前的心態是，我沒辦法找到一份我真正喜歡的工作，薪水還足夠付我們的帳單、存退休金、

好好地過生活。第一天早上真的糟透了，但只有前幾分鐘，我的心態真的在幾分鐘內改變了。我起床，準備好要征服這世界。從那時開始，我在一間公司找到新工作，銷售一種我非常相信的服務。而且收入的潛力不只可以附帳單，我們還可以存退休金，並且開始過著真正的生活，再次擁有了歡笑。

如果說要總結一下，應該這麼說，我熱愛幫助其他人，我也一直有個願望，希望能透過工作得到知識、財富和資源，並把這些分享給其他人，讓他們也能追尋熱情。從 9 月 12 日開始，貪睡鍵被打破，自動導航也不存在了。大家等著看吧，我來了，我還帶了朋友。

如同你剛剛看到的，對史蒂芬來說，「貪睡鍵被打破，自動導航也不存在了」，而這使得一切都不同了。史蒂芬不只是更早起床，他還從原本「有得做就好，很少追尋自己的熱情」，轉變為一個把人生掌控在自己手中的人，一次一五秒的決定，而且一切就從鬧鐘響便準時起床開始。

如果你可以準時起床，充滿動力的開始一天行程、事先計畫、思考你的目標、專注在自己身上，全都在你被日常行程困住之前完成，然後你就能輕易完成更多事。這就是掌控自己人生的第一步。

記住，雖然我當初創造法則是來幫助我起床，不過

#5SecondRule 五秒法則是關於一件比準時起床更重大的事，是關於喚醒你的能力，並徹底改變人生。

你嘗試過起床挑戰後，讓我知道你使用 #5SecondRule 五秒法則後，發現了自己的什麼。你可能會跟史蒂芬一樣，覺得它「糟透了」，但隨著時間過去，我可以保證，這個小改變將會造成極大的差異。

現在你知道怎麼開始了，這是最基本的層面，而本書接下來的三個部分，將會深入敘述你要怎麼使用法則達成特定目標，包括增加生產力、擊敗恐懼、感覺更快樂，還有豐富你的人際關係。

我很累。

太冷了。

太熱了。

在下雨。

太晚了。

走吧。

PART

3

勇氣能改變
你的行為

如何成為最有產能的人

我很喜歡說 #5SecondRule 五秒法則是「改變不可知論者」，可以搭配任何你正在努力嘗試的行為改變，#5Second Rule 五秒法則的應用方式，完全不受任何限制，只要你想建立一種正向的新習慣，就使用法則 5-4-3-2-1，督促自己去做。

你也可以使用法則讓自己脫離毀滅性的行為，像是賭博、酗酒、吸毒，還有衝動性的行為，像是對你的團隊微管*、陷入沮喪、沉迷於看太多電視節目。只要 5-4-3-2-1，強行控制思緒，讓你的注意力離開那種毀滅性或衝動性的行為，接著轉身遠離它。就跟所有的改變一樣，很單純，並不簡單，不過法則將會幫助你完成。

從我們收到的來信中，有三種行為改變最常出現：健康、生產力、拖延。我將在本章節中解釋這幾點，你會學到詳盡的步驟，教你怎麼運用 #5SecondRule 五秒法則，搭配一些最新的、有研究基礎的策略，改善生活中這三大領域。

---

* 對團隊成員的一舉一動都要指手畫腳的干涉。

首先，你會學到改善健康的祕密。你不會喜歡這方法，但很有效。你還會看到來自世界各地網友的貼文，關於使用 #5SecondRule 五秒法則完成某些很了不起的成就。

第二，你會學到如何運用 #5SecondRule 五秒法則增加生產力，還有關於專注、生產力和大腦的最新研究。當中還有一項關於貪睡鍵的特殊事實，它對生產力的影響，真的會讓你大吃一驚。

第三，你會進入一個困擾著所有人的主題：拖延。你會學到有兩種形式的拖延，以及你要如何使用 #5SecondRule 五秒法則，搭配十九年來的研究，一舉打敗拖延症的詳盡步驟。

你即將學到的所有內容，都可以立即運用，而且都有科學根據。要發揮你的潛力，你就必須督促自己，沒有其他方法。

如果你
不駕馭這一天，

這一天
就會駕馭你。

第 9 章
改善健康

「勇氣是承諾開始，
就算沒有任何成功的保證。」

——德國詩人 歌德
（Johann Wolfgang von Goethe）

　　我收到的訊息中，大概有一半是來自跟你我一樣，想要改善自己健康的人。不管是變苗條、變豐腴、減重、降膽固醇、治療一些疾病、吃得健康一點，還是改善肌肉強度和柔軟度，無論是什麼，你都可以使用 #5SecondRule 五秒法則來達成。

　　事實是，想著要變健康是不會讓你變健康的。就算是靜坐，一種心智方面的練習，一樣需要你去做。沒有辦法可以搪塞，你必須採取行動。

　　諷刺的是，在我們生活中，沒有任何一個領域，擁有比身心健康這個主題更多資訊、支援、研究、選擇，甚至是免費文

章。你可以 Google「飲食法」，下載前 20 筆搜尋結果，印出來，釘在飛鏢板上，看飛鏢射中哪一個，就照著做。那個飲食法，如果你確實照做，一定有效。問題從來不在飲食法上，問題總是在你對飲食法的**感覺**上，運動也是同樣道理。

就像安娜說的，我們「從來不會想要健身」，然後我們任憑這些感覺阻礙我們想要變健康的欲望。使用 #5SecondRule 五秒法則，安娜逼自己 5-4-3-2-1 回到腳踏車上。

almuzel

我從來不會「想要」健身，但今天，我有榮幸聽到 @melrobbins 在 @visitaustintx 午餐會的現場演説。她的「五秒法則」非常激勵人，「每個人都知道要改變，他們必須做哪些事，但『感覺』會阻礙我們。」所以，5-4-3-2-1，我回到腳踏車上。對旁邊那個人真不好意思，得聽我拚命喘氣的聲音，已經一分鐘了。

@kor180

　　沒錯，你可能一面踩一面拚命喘氣，但誰在乎呢？聽起來總比待在家找藉口好。

　　每一種飲食法、運動計畫、健身課程、重訓課程、物理治療療程、交叉訓練計畫、靜心課程、流動瑜伽，都可以改善你的健康，但重點是：**你必須去做**。相信我，我懂，我恨死運動了，尤其是外面很冷或下雨時，我討厭的程度，就跟我討厭起床一樣，如果沒有 #5SecondRule 五秒法則，我永遠也不會做。

　　為什麼變健康如此困難？你已經知道答案了：你的感覺。如果你覺得無法不吃麵包， 就不會遵守你的無麩質飲食法。如果你想到接下來的 113 天都得吃沙拉的感覺， 你就會說服自己不要這樣做。 如果你看到今天的混合健身（CrossFit）計畫表， 開始想著跟一群人在停車場裡做這三組 45 次波比運動是什麼感覺， 你就根本連走出門去做都不想了。

　　遵守飲食計畫會讓你開心嗎？當然。跟你的朋友一起參加混合健身、鍛鍊身體，會讓你開心嗎？你最好相信會。問問米蘭妮就知道，她在得知法則之前，連「離開那張該死的沙發」都難。

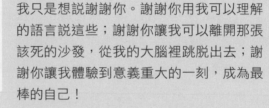

親愛的梅爾：

我只是想說謝謝你。謝謝你用我可以理解的語言說這些；謝謝你讓我可以離開那張該死的沙發，從我的大腦裡跳脫出去；謝謝你讓我體驗到意義重大的一刻，成為最棒的自己！

寬心、自由和突破！

　　米蘭妮開始動起來後，她體驗到「自由與突破」，那是我們都想要的。其實**我們只想做感覺很容易的事**，當你接受這事實的瞬間，你就會理解變健康的祕訣很簡單，就是你絕對不會想做，所以必須要 5-4-3-2-1-Go！

　　不理會健身房，開車到得來速，在臉書上浪費時間，絕對比在飛輪課氣喘如牛或執行斷糖飲食簡單非常多，但如果想要減重、遵守飲食法、規律運動，**你要做的事情就只有一件：停止去想你會有什麼感覺，你的感覺不重要，唯一重要的是你做了什麼。**

　　艾瑞卡就明白這點，就算她的減重之旅已經開始，但還是會「失去所有運動的動力」，「總是有藉口」不去健身房。

嗨梅爾！

我是你的超級粉絲，去年在 CNN 上看到你，就深受吸引，我追蹤你的推特到現在大概一年了，你那些激勵人心的推特非常有幫助，但最有幫助的還是你的 #5SecondRule 五秒法則。

我今年終於動起來，開始要減掉過去幾年來增加的體重。我今年已經瘦 30 磅（約 14 公斤）了，儘管如此，我發現有時還是會失去所有運動的動力，總是有藉口：我工作得太晚了、我沒有足夠時間⋯⋯無窮無盡。

幾個星期前，我看到你部落格上那個關於減重的影片，你每件事都說中了，我從來不覺得想去健身，但如果我想要看到持續的結果，我就得繼續鍛鍊。

我一直都在使用你的 #5SecondRule 五秒法則，而今天是連續第七天沒有中斷健身。有些日子我還是不想去健身，但我有目標，而且如果我在前五秒內就說服自己去健身，就能完成。

等不及要看你的書了！

祝好

艾瑞卡 Erika

當艾瑞卡發現自己「從來不覺得想去健身」，她就可以找到五秒的機會空檔，然後督促自己採取行動。運動 100%是

大腦行為，如果大腦不督促，身體哪裡也不會去，所以才說 #5SecondRule 五秒法則可以大幅改善你的健康。

使用的**方法**是這樣……

5-4-3-2-1-Go！去健身房。

5-4-3-2-1-Go！放下甜甜圈，改吃烤雞胸肉。

5-4-3-2-1-Go！離開麵包店，就算那些麵包甜點像海妖一樣不斷誘惑你。

世界各地都有比你更胖、更懶惰、身材更差的人，使用 5-4-3-2-1 改變自己，塑造出完全不一樣的體型、心態和生活。

就像查理他最初聯絡我時體重 383 磅（約 174 公斤），腰圍 54 吋，看看臉書貼文，就能看出他有多重。

 Charles

Juicingstrong 強壯果汁與健康飲食第 529 天

初始體重 383 磅，腰圍 54 吋

目前體重 238 磅（約 108 公斤），腰圍 37 吋

激勵人的東西造成如此大的改變！

我的減重之旅從 2015 年 1 月 15 日開始，但如果不是五秒法則，我永遠也不會開始走這條路！

2014 年 2 月 28 日，我看到 TedTalk，梅爾‧羅賓斯的〈如何停止把自己搞砸〉。那場演講中的一大關鍵，就是五秒法則。「如果你有念頭、衝動或想法，卻不把行動加諸於想法上，那它就永遠消失了！」

看完那場演講，我開始執行法則。那是我第一次對自己說，我想要幫助與激勵其他人，而就在那個瞬間，我在五秒內完成了一件事，我大聲說出我想做的事情，然後寫下來！「我付諸行動」，我認為，我應該寫電子郵件去謝謝梅爾，通常我絕對不會做，但就在五秒鐘內我做了，猜猜她回了什麼，我們最後在電話裡討論，那對我人生造成的影響，是我從來沒有想像過的。

從 2014 年 2 月那天開始，我重新掌握了自己的人生。

以下是這期間發生的事：

1. 我減掉了 176 磅（約 80 公斤）

2. 我在帶領、激勵和幫助其他人

3. 我遇到喬‧克羅斯（Joe Cross，紀錄片《胖、生病，差點沒命》製作人、澳洲健康果汁書籍作者、創業者）

4. 我已經榨果汁整整 300 天了

5. 我放上超過 25 支自己的影片（希望未來有一天也能上 TedTalk）

6. 我一直努力實踐五秒法則，把我的想法、念頭和衝動都化為行動，因為你不會知道這些東西將帶領你去哪裡。

不要收手，不要放棄！充滿愛

謝謝梅爾・羅賓斯讓我在五秒內走上這條路

想像一下他當初感覺有多糟，現在他確實已經完全不一樣了，怎麼做到的呢？就是喝一些嚐起來像草的飲料。超噁的，你大概會這樣說，但這就是他達成目標的方式，現在他經營一間叫做 Juicing Strong 的公司，幫助人們變成最健康的自己。

整整 529 天，這傢伙督促自己遵守他對自己立下的承諾。為什麼？不是因為他覺得想做，還是因為他說過要做。想像一下，如果查理花了 529 天想著要減掉 176 磅，而不是榨果汁喝，那會發生什麼事呢？什麼事也不會發生。亞歷山卓也是如此，透過榨果汁建立更健康的生活方式。

嗨你好！我是巴西的亞歷山卓！

關於我的五秒法則經驗！

> 每一天，我都得花至少一小時在榨果汁！沒錯，綠色、紫色、橙色、紅色的新鮮果汁改變了我的人生，我愛它們，但生活是很忙碌的。
>
> 每天大概下午 5：30，我會看著滿滿的電子信箱，都是行銷計畫、要寄出的報告，幾乎每天都覺得「不然我今天不要榨果汁好了。」但不可以！
>
> 我深呼吸然後想：這些信件不會跑掉，如果我晚兩個小時寄出報告，也沒有人會因此受傷。所以只要 5-4-3-2-1-Go！榨果汁。非常有效，每天都是 :)

查理和亞歷山卓都發現，當你跟從直覺，透過勇氣的行動，去採取更健康的生活方式，你的人生就會開始出現變化。

你需要勇氣開始做某些事情，需要勇氣堅持做下去，也絕對需要勇氣去和全世界分享。這就是帕金南告訴我的，減重需要的是勇氣，因為有時候你現在的模樣，跟你想要成為的模樣，差別可能非常大，大到我們會不敢面對自己必須付出多少努力。

嗨梅爾：

我這輩子一直都過重，現在是我人生中第一次打算嘗試飲食控制，我覺得惶恐又困窘，但我還是繼續前進。我感覺

到強烈的不安和脆弱，可以請你解釋為什麼嗎？

　　簡單地說，就是你現在的這個人，跟你想要成為的那個人，中間的差距看起來好像大到根本不可能達成。有這種感覺很正常，但讓這些感覺占據你的大腦，就是一種自我虐待的形式。

　　任何人，只要有督促的力量，都可以減掉體重計上多出來的數字。讓查理的例子激勵你今天就開始，也讓他的成果鼓勵你堅持下去。

　　還有另外一個想介紹給你的人，馬克利用 Instagram 的朋友，來幫助他持續記錄，一個月五千下伏地挺身？我的天！我連一天五下都很難做到 #exercisegoals（運動目標）。

---

fujfocus ⓘ

決定要將我的健身提升到另一個層級，透過在我的 IG 宣告，我要在七月做到 5000 次伏地挺身、2000 次仰臥起做，跑 200 公里。這期間我跟孩子們渡假半個月，還一面寫我那本關於增加事業價值與銷售事業的書，順便一提，這本書也是因為你的五秒法則才開始，法則真的很強大。等不及要看你的書了 @melrobbinslive。你出色的建議真有效，我就是活生生的例子。愛你，梅爾！

　　每天運動的紀律，也幫助了他其餘私人與專業領域的目標，「寫那本關於增加事業價值與銷售的書」。馬克運動的每一天，他的大腦都準備幫助他完成這本書。加油馬克！書好的時候記得讓我知道。

　　或許一個月 5000 下伏地挺身有點太超過了，因為這可能真的會殺了你。沒有問題，那麼只接受一個健身挑戰如何？看看阿努克，她正執行到第三週，她也告訴我們一個關於健康和運動的簡單事實：「我真的真的真的很不想做，但還是做了，衝衝衝！」

　　衝啊！阿努克，妳是超強的女孩。而當你明明不想做，卻還是督促自己行動時，你也超強的！

第三週完成

Anoukholderbeke 我真的真的真的很不想做，但還是做了，衝衝衝！就像 @mel_robbins 常説的：「你永遠不會覺得想做！」這次訓練完，第三週劃下句點囉。

　　如果「真的要開始執行了」這種想法讓你覺得難以承受，看看愛麗絲，一個十九歲的英國女孩，她寫信給我，因為她一直「在真的很糟的處境中」。她是這樣形容的：

「我承受焦慮症和廣場恐懼症的折磨，它們真的箝制著我。我胖了 30 磅，所以又更加悲慘，更加不想要出門。除此之外，我覺得父母要我去特定的大學念特定的科系，讓我壓力很大，而我卻因為要讓他們高興，所以說服自己這樣也沒關係……我看了妳的影片，才真正開始思考，這些真的是我想要的嗎？我這種身材真的「沒關係」嗎？我值得自己想要的事物嗎？

我必須坦白這花了一些時間，但我大概每星期看一次妳的演講，然後有了這股衝動……」

她有股直覺要對自己誠實，她有股欲望，要堅定自己、掌控自己的人生，她有衝動想改變，而她做到了！不只是跟父母談，還改變了自己的科系。

「他們接受我自己選的大學跟我自己選的科系，這個十月就要過去了。至於我的體重，從十二月以來，我透過健康的飲食、開始執行好的運動計畫，瘦了 28 磅（約 13 公斤），這都歸功於你的五秒法則。

希望我沒有占用你太多時間，但我真的很想告訴妳，妳的演講對我影響有多大！我還有很長的一段路要走，但只要

我感覺自己鬆懈了，我就再看妳的影片！」

　　這就是你需要的，你需要勇氣去做愛麗絲做到的事；關於你想要的事物，需要勇氣對自己誠實。如果你偏離軌道或鬆懈了，可以隨時回到軌道上。鬆懈是很正常的，總是會有幾天你就是覺得不想做。記住，你可以再次掌控一切，只要五秒鐘。

　　看看克麗思丁，她在自己的 Instagram 貼文中說了很重要的話：「第一步，『起床』，是最困難的。但非常值得。」不管你已經運動了多少次，每一天的開始還是最難的。

kristinsb

第一步，「起床」，是最困難的。但當踏板開始旋轉，就非常值得。#5SecondRule #onthetrainer#teambetty 2016#badassisbeautiful#goproselfie#goprosession#kinetic

　　記得我跟你說過，我希望你從「起床挑戰」開始體驗這個法則嗎？這樣你才能夠體會到「活化能量」，那是要開始某件事情的動力，也正是克麗思丁提到的。而她說的沒錯，這非常值得。事實上，學習督促自己直接穿過藉口，距離你夢想的人

生、身體或未來更進一步，就是最值得的了。

　　或許你的健康挑戰並不是關於健身，可能是更可怕的事情，像是和疾病對抗。你並不孤單，而你也需要每天的勇氣，才能前進、生活、保持堅強。許多人寫了因癌症或健康狀況而受苦的訊息來，想知道要怎麼樣才能重新獲得對抗的勇氣與力量。#5SecondRule 五秒法則是一個你可以用來尋找內在力量，面對重症的的工具。

　　葛瑞格・齊克（Greg Cheek）就是個非常激勵人心、值得關注的例子。癌症第三期，而他做了什麼？自從診斷出來後，他跑了 10 次馬拉松！是不是很驚人？

Greg

@melrobbins 自從被診斷出第三期癌症後，這是 #10 第十次馬拉松，在德國漢堡。

Greg

@melrobbins 謝謝梅爾！今天這場跑步很棒，謝謝妳的激勵。#hamburgmarathon #marathon

也許不是跑馬拉松，也許健康對你的意義是有足夠的勇氣，去做每年一次的乳房 X 光攝影。《早安，美國》（*Good Morning America*）的主持人艾米・盧貝克（Amy Robach），在國際乳癌防治月的現場節目中，被要求做她這輩子第一次的乳房 X 光攝影時，她的第一個反應是不要，無論如何都不要。她和這項疾病沒有任何關連，也不想要看起來好像她是在博取大家關注。艾米轉向另一位主播，也是有乳癌經驗的羅賓・羅伯茲（Robin Roberts），尋求她的建議。艾米告訴羅賓，她從來沒有做過乳房 X 光攝影時，羅賓回答：

「艾米，這就是重點。我跟妳說，一大堆人看著妳經歷這些治療的感覺有多不舒服，沒有人比我更了解。但拯救生命，就算一條也好，都是非常重大的事，妳絕對不會後悔。而且我敢保證它絕對可以拯救生命，只要走進那個攝影機房內，做一次檢查，就一定會有不知道自己生病的人，發現自己得了癌症。艾米，80％有乳癌的女性，都沒有家族史。」

於是艾米當場下定決心，就在羅賓的更衣室內，她決定要去做乳房 X 光攝影。幾星期後，她回到節目中，就在現場直播的電視節目中，宣布乳房 X 光攝影救了她一命——她被診斷出

乳癌。艾米經歷了雙乳切除手術、八次化療，現在體內已經沒有癌症細胞了。

雖然艾米做這決定時，並沒有使用 #5SecondRule 五秒法則，然而她在關鍵時刻被羅賓推了一把，在五秒鐘內做出了決定。感謝老天她有這麼做。你可能沒有那麼幸運，剛好有同事在旁邊推你一把，但你總可以推自己一把，5-4-3-2-1-Go！

改善健康完全取決於行動，你可能沒有要像查理一樣減掉那麼多體重，或跟葛瑞格一樣去跑馬拉松，但你可以督促自己去看牙醫、去運動或去找醫生做乳房 X 光攝影、攝護腺照影這類的檢查。當你像剛才看過的那些人一樣，督促自己動起來時，你改變的人生才真正是你自己的。

人生就是自己做的種種決定，而我必須在這本書裡一遍又一遍的重複，你隨時可以選擇改變自己的行為。如果你的目標是要變健康，你需要做的事情通常很直接了當。找一個計畫去執行，任何計畫都可以，然後 5-4-3-2-1-Go！在那之後，你每天唯一必須做的選擇，就是不管怎樣都**去做**，就算如阿努克說的，你「真的真的真的很不想做」。

我說過你要做的事情很單純，但我不是說它會很簡單。我跟你保證，它絕對值得。**運動和健康總歸就是個很簡單的原則：你不需要想去做，你就是必須去做。**

再多跑一英里，

那裡永遠

不會太擁擠。

第 10 章
增加生產力

「除非你做，否則什麼也沒用。」
　　　　　　　　　　──作家 瑪雅‧安傑盧（Maya Angelou）

　　生產力可以濃縮為一個詞──專注。要提高生產力，你需要兩種類型的專注。**第一**，管理分心的能力，這樣你就可以隨時專注於手邊的目標，**第二**，有能力專注於整體目標真正重要的事，這樣你才不會整天窮忙一堆沒用的事情。

　　我們將會探討這兩種專注，看看這個主題的最新研究，學習如何運用 #5SecondRule 五秒法則熟練以下技巧：把時間用在真正重要的事上，以及當分心事物跳出來時，怎麼管理。

認真管理分心事物

　　管理分心就像是遵守健康目標，你永遠不會覺得想做，你

只需要逼自己去做就好。你已經知道沉迷於手機、傳訊息、回電子郵件，都會讓你分心，但要停止這些行為似乎不可能。

　　就算你知道你應該關掉跳出的訊息提示、將手機轉為無聲、不要每隔五分鐘就看一次信箱，但這些知識並不能改變你的行為。我可以搬出多到淹沒你的研究報告，告訴你這有多糟糕，但還是不能改變你的行為，這就是 #5SecondRule 五秒法則登場的時候了。你不需要想要做，你只需要逼自己去做就好。

　　首先，你必須確知分心事物是不好的，任何形式的干擾都是生產力的死亡之吻。研究指出，開放的辦公室空間是專注力的夢魘；查看電子郵件會上癮，學者稱為「隨機獎勵」的刺激。你必須清楚你的目標比按下那些通知還要重要，就這麼簡單。

　　接著，你只需移除它們就好。我沒有說這是什麼深奧的科學，但我也不會告訴你說這很簡單。不過我可以跟你保證，如果你使用 #5SecondRule 五秒法則，就確實能夠做到。當你開始移除分心的事物，可以專注於當下最重要的事情時，你才會知道這點幫助有多大，就像凱倫寫的：

hendricks-luv

你不知道你幫了多少，真的。每一天都是。從我的心靈深處感謝你。

最近，我在跟就讀中學的女兒坎達兒討論。她很愛社群媒體，但會花太多時間看手機，在她需要專心做作業時，這真的是很嚴重的干擾。而且她會經常拿社群媒體上的名人或超級名模貼文跟自己比較，這讓她很沒有安全感。

就像你我一樣，她知道當她需要專注於功課時，社群網路會讓她生產力降低，坎達兒想到，管理因社群媒體分心的最好方法，就是直接拋棄這些誘惑。於是她把分享照片的 app Instagram 和 VSCO，直接從手機裡刪掉。

她這樣說：

「刪掉之後，我才發現這些事情在我的人生中有多不重要。這些 app 如果在我手機裡，好像就會不自覺的點開來看。現在刪掉這些 app 之後，我再也沒有想去看的衝動了。」

分心事物不只是以科技和社群媒體的形式出現。莎拉發現

雜亂的環境就是生活中最讓她分心的事物，於是決定要採取行
動。她使用法則打敗了「情緒上」囤積物，5-4-3-2-1，「捐贈、
回收、賣掉，也丟掉」一大堆東西。

 oneisstarvedfortechnicolor
我使用五秒法則解決生活中的雜亂。我是個情
緒性的囤積者，而這已經成為嚴重的問題，所
以當我在清理那些雜物時，我在五秒鐘之內做
出決定，想當然耳，很有效。過去幾個星期，
我捐贈、回收、賣掉，也丟掉一大堆東西。現
在不必被一大堆沒用的「東西」拖著，感覺棒
極了。

　　使用五秒鐘的決定清理掉垃圾，莎拉現在感覺「棒極了」，
而且不再被「拖著」。所以如果你發現自己像坎達兒一樣，因
社群媒體分心，或像莎拉一樣，是因環境分心，那就是動力產
生的重大時刻。你已經覺醒，現在是時候重整你的環境了。
5-4-3-2-1，移除分心事物，真的就是這麼簡單，而且回饋非常
強大。

　　比較困難不過更重大的事情，是駕馭第二種專注：專注於
重大目標。我使用 #5SecondRule 五秒法則做到一件事，對專

注於重大目標的效果最卓越：成為我每天早晨的「老大」。

掌控你的早晨

　　掌控你的早晨，對提高生產力非常有幫助。我執行的方式，就是製作早晨的例行事項。艾麗莎開始實行自己的早晨例行事項後，發現她開始能夠「駕馭」她的每一天了。

---

allthethingsetc

好，我有點過份著迷於 @melrobbinslive 了，我愛她的訊息，我也在實行她的法則，早起（我很討厭但我想學著喜歡它）、吃早餐（咖啡，我通常不吃的）、到喝完咖啡前都不碰手機！清理我的思緒，設定動機，並且駕馭我的一天！#mondays #motivation #melrobbins

---

　　就像艾麗莎說的，當你建立出早晨的例行事項，確實遵守時，你就「設定了你的動機」。就這樣每天做，你會誘發一連串讓你非常震驚的事件。

　　我的早晨例行事項，要歸功於杜克大學（Duke University）教授丹・艾瑞利（Dan Ariely）。根據艾瑞利的說

法,當你完全醒來後,這一天最開始的二到三個小時,是大腦效率最好的時間。所以如果你在早上 6：00 起床,你的思考與生產力顛峰時刻,就是早上 6：30 到 9：00,以此類推。

如果你家跟我家差不多,大部分的早晨都是兵荒馬亂,要餵狗、準備早餐、引導三個準備上學的孩子出門,這些就能耗掉一個小時以上,奪去你生產力最高的時段。所以如果我想要成為這一天的老大,我就得對早晨的計畫非常謹慎,而一切就從早一點起床開始,這樣我才有辦法在這天耗盡我之前,抽出時間專注於重大的目標。

以下是我修改過的例行事項,好讓自己確實專注於最重要的事情:

1.鬧鐘一響就起床

先前我們在講起床挑戰時,就已經談過這件事的重要性了。鬧鐘一響,我起床,結束。為了最高的生產力,你絕對不應該按下貪睡鍵。這其實是有神經學方面的理由,是我在為這本書找資料、做研究時發現的。

你知道一夜好眠對生產力是很重要的,但我打賭你不知道**你怎麼起床就跟你怎麼睡覺一樣重要。科學家最近發現,當你按下貪睡鍵時,對大腦功能和生產力有負面的影響,而且會持**

續到四個小時！這是你必須知道的。

我們的睡眠有循環週期，大概需要 90 到 110 分鐘完成一次。在你起床前的兩個小時左右，這些睡眠週期會終止，你的身體開始慢慢的準備要醒來。鬧鐘響起時，你的身體已經處於起床模式。如果這時你按下貪睡鍵，又回去繼續睡，就是在強迫大腦開始一次新的睡眠週期，而那需要 90 到 110 分鐘。

15 分鐘後，貪睡時間到，鬧鐘再次響起時，你大腦的皮質區，也就是負責做決定、警覺、自我控制的部位，依然處在睡眠的週期中，它沒有辦法突然清醒，需要再 75 分鐘才能結束被貪睡鍵引發的週期。

這種「睡後遲鈍」的現象，可能需要長達四個小時才會消退，你的認知功能也才會回覆到完整的能力。**這就是為什麼當你按下貪睡鍵，之後才起床時，會覺得那麼昏沉了。那並不是因為你沒有睡飽，而是因為一旦你按下貪睡鍵，你就開始一次新的睡眠週期，然後又打斷它。**那些你有按貪睡鍵的日子，是不可能處在最佳狀態的。

所以我非常嚴肅的告訴你，把鬧鐘按掉，不可以按貪睡鍵，起床，沒得商量。

2.我走進浴室，關掉鬧鐘

　　我和我先生都不會把手機和鬧鐘擺在臥室裡或床頭櫃上。我們的手機在哪裡呢？浴室裡。距離夠近，如果有人打電話來或早晨鬧鐘響了，我可以聽得見。但也遠到我不會陷入它的誘惑。如果手機擺在床頭櫃上，我會想也不想的拿起來，待在床上看信件，你一定也是這樣。如果它在伸手可及之處，很容易就會不假思索的拿起來看，絕大部分成人會在起床前察看信件。

　　最近還有一份德勤公司（Deloitte）的研究顯示，三分之一的成年人，尤其 35 歲以下的民眾，有一半會在半夜起來看手機。所以藉由把手機擺在浴室裡，我是讓自己不容易養成拿手機起來看的習慣，然後就能安頓身心，好好睡一覺。

3.刷牙，專心想著眼前這一天

　　我會花三到五分鐘在洗臉、刷牙，集中思緒，想想為了我和我的重大目標，我真正想要與需要做的是什麼。這不是待辦清單，而是「必辦清單」。在這段時間內，我會有意識的整理思緒，想出一或兩件我可能不**想要**做，但今天**必須**做的事情，為了我的目標、夢想和事業發展。研究人員把這些目標稱為 SMART 目標（Specific 具體的、Measurable 可衡量的、Achievable 可達成的、Realistic 實際的、Timely 適時的），我

只稱為「保證可以讓對我很重要的事情有進展的兩件事」。那通常都是我不想要做的「鳥事」，就像莫芬形容的：

 Morphin

@melrobbins 看了你的 TED Talk，早一個小時起床，終於強迫自己去做一些我不想要做的鳥事了。很值得，謝謝你。

4.穿好衣服，整理床鋪，走進廚房，倒一杯咖啡

你有注意到我還沒做什麼事嗎？我還沒看手機，還沒上網看信件。為什麼？因為我知道我做那些事情的瞬間，就會失去專注。你查看電子郵件、看新聞或滑社群媒體時，其他人的事就會變得比你的事更優先。你覺得比爾‧蓋茲和歐普拉會躺在床上滑手機看別人的貼文嗎？不會，而你也不應該這樣。你必須把自己放在最優先的位置，所以到你計畫完**你的**一天之前，不要看郵件。

5.寫下一到三項「必辦」和很重要的理由

在我從文具店裡買來的便宜日計畫表中，我會寫下我覺

得今天必須做的一件、兩件或三件事,而且是**為了我**做的事。這是一個很重要的步驟,幾項原因如下:一,因為我是視覺型的人;二,根據加州多明尼克大學(Dominican University of California)心理學教授蓋兒‧馬修博士(Gail Matthews),光是把你的目標寫下來,就能增加 42% 的機率實現它們。

把這些事項寫在計畫表中,表示我一整天都可以看見它們,就能提醒我要行動。而寫下「為什麼」,就能提醒我為什麼這些目標很重要,讓我有更多動力。

如果我把它們寫在數位行事曆中,我就會忘記。有一半的時間,我走進房間裡,想不起來我走進來是要做什麼,所以我得把它們寫下來,「用我的必辦事項跟蹤自己」。它們在我的計畫表上時,就是我整天都可以看到的東西,我就會在視覺上受到行動的暗示。看到我的「必辦事項」提醒我要做這些事情,你可以使用筆記本、行事曆,什麼都好,只要寫下來,放在身邊,就像雪倫做的:

 Sharon
@melrobbins 我可以掌控自己的目標清單了! #5SecondRule 五秒法則 # 謝謝

6.計畫自己的一天，在 7：30 前撥出 30 分鐘

我會排計畫，通常先做最重要的「必辦事項」，而且要在我看手機或上網收信之前。我把這個程序稱為「7：30 前的 30」。

我會在 7：30 以前花 30 分鐘規劃自己的一天。在這段時間裡，我可能是動手做二到三件必辦事項，或者規劃今天之內的哪段時間要做這些事。如果我在家，我會盡量在 7：00 開始這段規劃時間，就是最後一個孩子出門去搭校車的時間。這 30 分鐘對我的成功至關重要。

透過規劃自己的一天，確定你「專注於正確的事情」上，就像傑洛米那樣，你就可以讓自己「大幅提升生產力」，成功完成今天的目標。

---

jzarghami　　　　　　　　　　　　　　⊡

@melrobbinslive 我最近超常使用這個法則！它幫助我大幅提升生產力，並且專注於正確的事情上。非常感謝你！

「7：30 前的 30」這件事，在你走進辦公室的那一刻，就不可能完成了。你必須在家，或是在你最喜歡的咖啡廳、火車

上、待在停車場的車上做完。我沒有在開玩笑，當你走進辦公室，回覆第一封電子郵件，或接第一通電話的那一刻，你這一天就沒了。

孫・卡爾森教授（Sune Carlsson）曾研究 CEO 們是怎麼完成那麼多事的，這些能力卓越的執行長的祕訣是什麼？他們在家工作 90 分鐘，因為「這樣才有可能專心」。在工作時，他們大概每 20 分鐘就會被干擾。而我剛剛說過干擾是什麼？是生產力的死亡之吻。

事先規劃，並且先做最重要的事情，還有什麼其他重要的原因嗎？

記住，就像艾瑞利教授告訴我們的，一整天最初的二到三個小時，是大腦效能最好的時刻，要專注於可以提升你私人或專業目標的任務上。拿不重要的事塞滿這段時間就太笨了。

回電子郵件、接電話、坐在會議中，這些事都很會占據你的時間表，但很少能讓你的人生有什麼重大進展。為了你個人的幸福，保護必須用來專注於深度工作的時間，你必須把握一天當中的前幾個小時，為了你自己，奮力爭取。

如果你完成兩件你覺得很重要的事，就是讓真正重要的計畫有所進展，將能贏得長期的競賽。

早點起床並規劃你的一天，有很大的益處，問問馬利就知

道了：

> 我愛你的 TEDxSF 演說，而且立刻寫了一篇部落格，
> 開始寫一本書。我已經連續幾個星期都五點起床，非
> 常享受這麼做的好處。我一直有在寫日記，當成確認
> 我完成每天例行事項的查核表。
>
> 這本書將會記錄這一年之內，我採取行動的過程和達
> 成什麼樣的成就。

　　馬利藉由早起（不按貪睡鍵！）、做清單，做例行事項，
開始他的每天早晨，他已經可以控制、排定最優先的事情，並
找出時間寫一本新書。幾個星期之後，我做了後續追蹤，詢問
馬利每天早晨的例行事項進行得如何：

> 今天已經是第 54 天，我每天五點（或更早）起床，然
> 後遵守當天的例行事項。五秒法則讓我在寒冷的清晨
> 中從床上爬起來，開始我「最重要的健身」。
>
> 馬利

　　這真是太棒了，馬利，當老大的第 54 天。東尼也是如此，
他找到方法「每天早上五點回到健身房」。

Tony
@melrobbins 自從一個月前參加你的五秒
法則訓練課程，我就開始督促自己，每天
早上五點回到健身房！

　　我知道這麼早起床，立刻就去健身真的很難，但是當你
5-4-3-2-1，找到活化能量擊退那些抗拒的感覺後，你不只是讓
自己成為這一天的主宰，你也活化了最棒的自己。

7.規劃我的停止時間

　　這也是另一件我從研究中學到的事。除了規劃一天的行
程，我也會規劃停止工作的時間。沒錯，每一天，當我開始一
天行程時，就是決定什麼時候要停止工作，把時間用來和家人
相處。設定停止或重新導向的時間期限，有兩個作用：讓我更
能意識到我有多少時間，這樣一來，就更能提高生產力。

　　這就是所謂的帕金森定律（Parkinson's Law）：不管你給
一項工作多少時間，都會填滿那段時間。所以要給自己的一天
工作訂下截止時間，這個截止時間對耐力和身心健康都非常重
要，會迫使你專心，並且認真看待工作的休息時間。這種休息
時間是我們所有人都需要的，要和家人相處，並給大腦所需要

的休息、充電與重置時間。我不會騙你們，我必須使用法則強迫自己 5-4-3-2-1 關掉電腦，結束今天的工作，這種次數多到我都不想承認。

使用這種每天的例行事項，確實有莫大的助益。在面對一天的行程時，這就是我決定優先順序的方式。由於我在鬧鐘響起的那個瞬間，就主宰自己的行動，所以感覺更能掌控一切。也由於我挑出二到三件為了達成目標而必須做的重要事情，所以思緒更加清明（這也幫助我辨識機會）。

如果我發現自己偏離了例行事項，或開始分心了，那就是獲取能力的時刻，我會使用法則 5-4-3-2-1，回到軌道上。當然，你可以創造任何有效的例行事項，但如果你還在尋找開始的方法，不妨試試我的。許多人都發現在他們的早晨例行事項中，加入運動、靜坐、感恩清單，都有非常好的成效。你可以都拿來實際測試，看看哪一種對你最有效。

我告訴你的事情很簡單、很明確，而且很有效。自己調整一下，讓它為你發揮最佳效能，但不管怎麼樣，5-4-3-2-1，實際去做。當你做了這些，成為自己每天的老大，就像克里斯蒂所說，它「真的會改變一切」。她接觸到公司排名最高位階的人，並且「火力全開」。

Christie

我終於知道，我可以督促自己達到我以前想都沒想過
的極限。我已經知道它非常簡單，只要 5-4-3-2-1……
謝謝你，梅爾‧羅賓斯，你的演說真的會改變一切。
我已經知道不管你想要什麼，只要你夠努力，就可以
也一定會成真！我和一些非常厲害的人碰面，他們達
到公司排名的最高位階， 我從他們身上學到很多祕訣
和技巧，可以發展我的事業，我的腦袋轉個不停而且
火力全開！

現在，輪到你了。

在你準備好之前
開始。

不用準備，
開始。

第 11 章
終結拖延

「想開始，就直接開始。」

——英國詩人 威廉‧華茲渥斯
（William Wordsworth）

#5SecondRule 五秒法則是對抗拖延的超強武器，在我們開始探討怎麼使用它之前，必須先定義拖延，拖延是什麼，以及不是什麼。在為本書做研究時，我學到是什麼造成拖延，因而大吃一驚，原來我一直都想錯了！

我很意外的發現，拖延有兩種：毀滅性的拖延，這是指你迴避必須完成的目標，還有生產性的拖延，是所有創意發想過程中，相當重要的部分。

我們先從好的那種開始。

生產性的拖延

如果你在進行一個創意專案，或發展一個創新想法，研究顯示拖延不只有好處，甚至還相當重要。創意醞釀的過程需要時間，所以當把專案擺到旁邊幾天或幾星期，你的思緒就可以漫遊。這些花在思緒漫遊上的多餘時間，讓你得以想出更有創意、更「跳 tone」的想法，強化你的案子。

生產性的拖延對我而言，是個讓我大為解脫的觀念，尤其是寫這本書期間，在苦苦掙扎的時候。我學到生產性的拖延之前，一天到晚責備自己，因為我一直覺得腸枯思竭，遇到作家的瓶頸，而我覺得這表示我是個糟糕的作家、懶惰、能力不足。事實上，這種規模的創意過程，就是需要時間。

我的大腦需要休息和漫遊的時間。這本書花的時間，比我當初預期的多出七個月，不過成果好了一百倍。如果你沒有看到想要的結果，給你的案子一點時間，把你的精力投注到其他地方去，過一陣子再帶著全新的視野回來。

所以若你手邊在做的是個創意專案，而且沒有固定的截止期限，那麼把案子擺在那裡幾個星期不動，好讓你的思緒可以漫遊，這並不是拖延，而是種醞釀創意的過程。在你進行生產性拖延的期間，那些新鮮的想法將讓你的案子更加精采。

▎毀滅性的拖延

毀滅性的拖延，就完全是另外一回事了。那是當我們**心裡清楚**會有負面的後果，卻還是迴避必須完成的工作。到最後，這個習慣真的會回來反咬你。

我們每個人都有一大堆似乎永遠做不完的事：上傳相簿、分析意見回饋、完成提案、清掃爸爸的家，或是確實履行一張能讓事業成長的待辦清單……，任何我們非做不可，卻又刻意迴避不去做的事。

艾芙琳發現自己拖延，便責備自己：「多年來我質疑關於自己的一切。」她開始運用法則，並發現「**太神奇了**」。

每次艾芙琳運用 5-4-3-2-1-Go！就能夠突破所有的質疑，直接把事情做完，連她也佩服自己。

> 梅爾，我昨天起床就開始運用法則……多年來，我一直質疑自己的一切，我開始，我停止，我什麼也不是，我很不錯，我打掃了客廳、廚房、飯廳，洗了七籃衣服，這真是太神奇了！我好佩服自己！我要加入，我先生也要加入，而且我已經準備好行動了！

她大概不曉得自己為什麼會拖延，大多數人都不知道。長久以來，每個人都認為拖延就是時間管理技巧很差、缺乏意志力，或缺乏自律能力。噢，我們都錯了。**拖延根本不是懶惰，它是一種對壓力的處理機制。**

▊ 拖延與壓力的關連

加拿大卡爾頓大學心理學教授（Carleton University）提摩西‧皮修（Timothy Pychyl）研究拖延行為超過 19 年。皮修博士發現，造成拖延的主要原因並不是迴避工作，而是迴避壓力。拖延是「潛意識中想讓**現在**感覺好一點的欲望」，這樣你才能感覺稍微抒解壓力。

我們都會犯一個常見的錯誤，就是認為人們是故意選擇拖延的。實際上，大多數苦於拖延行為的人都告訴研究人員，他們覺得無法克制這種行為。而他們是對的，因為他們並不了解拖延真正的理由是什麼。

我們會拖延，是因為感覺壓力太大。重點是……你不是因為工作而壓力大，你的壓力來自一些更大的事物：金錢、人際關係問題，或者就是人生。當你把工作或課業拋開，花了 15 分鐘上網購物或是看昨晚球賽的報導，你是在從整體的巨大壓

力中，找尋極小的喘氣空間。

這就像是大腦的情緒糧食，當你迴避某些感覺很困難的事情時，你會有鬆口氣的感覺。此外，如果你還做了你覺得很開心的事，像是瀏覽臉書，看好笑的實境節目，腦內的多巴胺就能短暫提升。你越經常拖延，就越容易重複這樣的行為。問題就在這裡：雖然看貓咪的影片能讓你得到少許鬆口氣的感覺，但隨著時間過去，你迴避的工作會越積越多，在你生活中造成更大的壓力。

史考特就是個絕佳的例子，他寫信給我，因為需要有人幫忙「將他從他腦中拉出來」。他說身邊每個親近的人都告訴他：「我就是唯一在牽絆自己的東西。」而他們說的沒錯。

史考特是位博士生，在生理學實驗室中做研究。他結婚了，跟太太剛剛迎接他們的第一個孩子，那是「世界上最漂亮的男寶寶」。他這樣形容自己的生活：

家裡的一切都很美妙，除了那**沉重的財務壓力**，但因為我還是學生，所以難免如此。我的問題是在於每天的生活，包括在學校實驗室的工作，我很難盡到自己的義務，而且已經開始成為一大問題。**基本上，我會持續拖延事情，直到它要不就是錯過截止期限，要不就是惹惱某人。**

我對自己有非常高的期待，而且我真的每天晚上睡覺前，都會跟自己說，明天將是我所需要的全新開始，我要帶著滿滿的精力解決所有事情。但我日復一日地失敗，可以靠自己解決問題的自信也開始消逝。基本上，**我覺得我根本沒發揮到全部的潛能，這令我非常挫敗。**

讀史考特的訊息，你可以看出他被困在一個對不斷對自己失望的惡性循環中。我完全能夠體會，因為我以前那段苦於沒辦法準時起床的日子，就是這種感覺。史考特知道他必須做什麼（認真工作並完成它），但他似乎沒辦法讓自己做到。

史考特的訊息正好給我一個機會說明，在你拖延時，到底發生了什麼事。他告訴我們，他和太太有著「沉重的財務壓力」。財務壓力讓人感覺很不舒服，也解釋了他拖延的理由，就是暫時逃離財務壓力去喘一口氣。還記得吧，當我們用簡單的事情取代困難的任務時，我們能暫時讓心情好轉，有可以控制事物的感覺

這似乎有些違反直覺，但史考特不斷拖延他在實驗室中必須做的事，背後真正的理由，就是因為想要釋放在生活中感受到的財務壓力。

那麼，他到底該怎麼停止這種行為呢？還好，有三個很簡

單又有科學根據的步驟。另外，#5SecondRule 五秒法則也可以
幫你 5-4-3-2-1 完成它們。無論你是跟史考特一樣逃避工作，
跟艾芙琳一樣逃避清掃，還是跟 @JLosso（羅梭）一樣逃避運
動，你每次都可以使用法則來打敗拖延。

JLosso

@melrobbins 這星期在 LTEN（生活科學訓練與教育
網絡）看到你演講，5-4-3-2-1，從那天起我每天都運
動……

▌原諒自己

研究告訴我們的第一件事，就是你必須原諒自己的拖延。
認真的，這可不是什麼靈性救贖，而是科學。

記得卡爾頓大學那位專家嗎？皮修博士有篇被列為共同作
者的論文，就是關於學生若是原諒自己的拖延行為，下次考試
就比較不容易拖延。聽起來很蠢，但心理學家發現，其中一部
分的問題就在於，這些拖延者從一開始就對自己非常嚴厲。

崔許琪發現當她能夠原諒自己後，就改變了自己的人生。

Trishke

五秒法則！去看 @melrobbins，會改變你的人生，絕對不會再對自己感到難過（像我以前那樣）。追逐你的目標，活出你的夢想。

她沒有責備自己，也不再拖延了，太棒了！

你可能也跟萊恩有一樣的感覺，他寫信給我，說他正在開始新事業的初始階段，雖然他非常希望這個冒險能成功，「我也驚訝地發現，由於害怕失敗，要強迫自己花時間並確實去做，居然會那麼困難。」

剛看完你的 Tedx 演講！我的衝動就是搜尋你，並跟你聯絡，所以我做了。我目前在做一個跟事業有關的新案子，才在初始階段，我剛剛就直接上網搜尋一些資料，證實我在做的是正確的事，我不是個很富有的人，所以雖然我非常希望它能成功，但我也驚訝的發現，由於害怕失敗，要強迫自己花時間並確實去做，居然會那麼困難。你的演講確實激勵了我，不管成功或失敗，至少我做了某些事！謝謝你做了你正在做的事情，我們都很感激。

　　我很喜歡他最後說的：「不管成功或失敗，至少我做了某些事！」一個人需要很大的勇氣，才有辦法對自己誠實，承認專注於你必須做的事情有多困難。

　　另一個完美的例子就是，在實驗室裡的博士生史考特。記得他寫的嗎？他說，他「對自己有非常高的期待」，每次拖延，他都會覺得丟臉又罪惡，那些負面的感覺又更進一步製造出更多壓力，所以史考特「靠自己解決問題的自信也開始消逝」，而這令他感覺壓力更大，又更常拖延。

　　所以讓我們把這建議套用到史考特身上。步驟一，藉由原諒自己來停止惡性循環。史考特，你得花五秒鐘 5-4-3-2-1，原諒自己讓別人生氣、進度落後，以及沒有發揮所有的潛力。如果你可以辨識出是財務壓力使得你在實驗室中拖延，那麼你就有機會穩定自己，重新掌控一切。順便一提，你要控制一切，才能達成目標，而你希望成為的那個人，現在就可以幫助你。

　　接著我們來看步驟二。

▊ 未來的你會怎麼做？

　　讓我先解釋一下，皮修博士的團隊做了很多研究，關於我們「現在的自己」與「未來的自己」，「未來的自己」就是我

們想要成為的人。有趣的是，研究證實，當你可以想像出「未來的自己」，就會給你一個目標，在此刻督促自己努力。在實驗中，研究人員給受試者看他們老後的電腦合成照片，這些人就比較有可能存退休金。我猜這就是願景板有效的其中一個原因，能幫你看見未來的自己，而這對現在的你而言，就是非常好的處理機制，去處理你今天感受到的壓力。所以史考特製作一個願景板或在心裡想像，當所有的研究生活壓力都過去了，你已經成為史考特教授時，你的生活會是什麼模樣？當你發現自己在拖延時，只要問自己，「**史考特教授**」會怎麼做？

接著來看步驟三。

運用 #5SecondRule 五秒法則開始

最後，你理解拖延的來源之後，皮修博士最著名的建議就是：「就開始做吧！」他不是唯一強調開始的重要性的人。研究人員指出，想要創造新的習慣，其中一個最有效的方法，就是「創造一個起始儀式」。沒有什麼起始儀式會比 #5SecondRule 五秒法則更好了，現在我理解這背後的科學根據後，我就能解釋為什麼「就開始做吧」會有效。

- 如果拖延是一種習慣，你必須用新的正向的習慣（開始做），去取代舊有的壞行為模式（逃避）。

- 一旦你發現自己在拖延、做簡單的任務或逃避困難的工作，就使用法則 5-4-3-2-1 督促自己必須做重要的事。

- 開始會帶我們回到思科（CISCO）的工程師（這個例子在第 15 章）和「控制點」的觀念。拖延讓你覺得你沒有辦法掌控自己，然而當你穩定自己，直接開始做事，你就能夠掌控當下和你的生活。

丹妮爾拉開始實踐法則後，她覺得「有力量」也「有能力」，讓我們看到打敗拖延不但對工作有益處，而且還會擴展到更重要的領域，改善「我和自己的關係」。

> 我和自己的關係改善了，我更加信任自己，我覺得有力量也有能力。它已經成為我的口訣。**現在就去做些事**。（謝謝梅爾！）

如同我在本書中一再解釋的，用 5-4-3-2-1 切換你腦中的排檔，強化你的力量，並讓前額葉皮質幫助你開始。隨著你每

次使用法則，就會越來越容易停止拖延並開始做事。就像賽發現的，告訴自己「就去打電話、回電子郵件、完成那個蠢工作……」完成所有重要事情的祕訣，就是開始去做。

 Sy

親愛的梅爾，我寫這訊息是想說謝謝你，關於你在 **TEDx talk** 上的演講。我幾個月前看的，自那之後，我不停告訴自己「就去打電話、回電子郵件、完成那個蠢工作……我不喜歡，但它能幫助我得到我想要的。」我很高興在養成那個習慣後，我完成了一個非常大的案子。非常謝謝你那場精采的演講！:)

就算她不喜歡做，還是養成了採取行動的習慣，而且運用這個心態完成了非常大的案子，也將「得到我想要的」。

在史考特的例子中，回到實驗室裡，他可以使用法則倒數 5-4-3-2-1，在非常短暫的時間裡，督促自己回去工作。現在他已經理解拖延的來源（財務壓力），也已經原諒自己（極為重要的步驟）。加上開始想像未來的史考特博士，他可以就開始藉由堅稱控制，確實走到他的書桌前，然後開始工作。當他發現自己偏離軌道了，可以再次倒數 5-4-3-2-1。法則會讓**繼續進行**變得比較容易，這能幫助史考特掌控他的工作，也感覺比較

有能力處理眼前的其他財務壓力。

安得烈也使用法則擺脫拖延，為目標採取行動。安得烈16歲，但他已經在學習如何打敗拖延，並開始寫一本書！他說他一直都有藉口：他「還沒準備好、太忙、不夠聰明」。法則幫助他「擺脫那些藉口」，現在他已經在為他的書採取行動了。

 Andre

我開始仰賴衝動，去將我的想法付諸實行，這讓我參與了 Be Z Change（一個致力於社區服務的社團），現在我是裡面的領導人。我還開始去找大學，為此刻的學術目標努力。我現在達到的許多成就，之所以可能實現，都是因為我在有衝動的五秒之內，就選擇實踐那個想法。我現在的目標是寫一本書，一個我從來沒有花時間去做的衝動，因為我總是有藉口：我還沒準備好、太忙、不夠聰明。這個法則幫助我藉由單純寫下我的目標，並開始實踐，來擺脫這些藉口。每次我看到寫著把我的創意投入在寫書的便利貼時，我就往前一步，嘗試一些事情。它改變了我的人生。

安得烈讓我們看到，不管任何年紀，有什麼目標，我們都

有能力擁有自己、反觀內心、「往前一步、嘗試一些事情」，進而「改變人生」。直接開始做會那麼重要，就是因為你也會被進入研究人員所謂的「過程原則」中，這其實是一種現象，描述任何形式的進步過程，包括小小的勝利，都會讓你提振心情，增加幸福感，提高生產力。

　　最重要的，當你開始一個案子，你就會啟動大腦中的一種機制，提醒你繼續做下去。就如我先前提過的，研究人員發現，比起已經完成的工作，大腦比較容易記得未完成的工作。所以只要你開始做，大腦就會繼續慫恿你完成它。

　　我也說過，我的貪睡鍵習慣就是一種拖延。現在我了解為什麼，因為它讓我從生活中更大的壓力中，得到片刻的緩解，所以我才會按下去。現在回想起來，我知道自己是創造了一種「起始儀式」，打破這個習慣，那儀式就是 #5SecondRule 五秒法則。我的貪睡鍵習慣被積極的新習慣取代：倒數 5-4-3-2-1，然後站起來，開始一天的行程。七年過去了，我每天早上依然會倒數，把自己從床上發射出去。

　　總結一下，以 #5SecondRule 五秒法則擊敗拖延，最有效的使用方法就是：使用它來讓你開始做，從一小步開始，一次 15 分鐘，去做你一直在閃避的事情。然後休息一下，看幾個貓咪的影片。為了釋放累積的負面情緒，對於到目前為止搞砸的

事，放過自己吧，你只是個人。

　　這所有的事都是基本常識。目標大到像房間裡的大象，你就一次一口吃掉它。在本書中不斷重複提到的，就是除非你擊敗誘發壞習慣的感覺，督促自己直接開始做，否則你永遠不會改變。

你若不是
找到一個方法，

就是找到
一個藉口。

PART

4

勇氣能改變
你的念頭

如何成為最快樂的人

在接下來的三章裡，你會學到如何運用 #5SecondRule 五秒法則，搭配一些最新的研究策略，擊退恐懼、停止憂慮、管理或治癒焦慮，還有管理思考方式的詳盡方法。

如果你看過我以評論員身份出現在 CNN 上，或是看過我在《成功》雜誌裡的專欄，應該都會以為我天生就是個充滿自信的戰士。如果你還看過我 YouTube 的影片、TEDxTalk、或是其他我在舞台上的演講，就會更強化那樣的假設。沒錯，我現在很有自信，但我不是天生如此，在成年後的大部分日子裡，我都是個因為強烈不安全感，而不斷到處說話的人。是這些年來，透過練習以每天的勇氣行動時，才逐漸培養出「自信」這項技能。

很多人不知道我深受焦慮症困擾超過二十年，我們的第一個女兒索耶兒出生後，我有嚴重的產後憂鬱症，大約有兩個月的時間，我都無法跟她單獨待在一起。我服用樂復得（Zoloft）控制我的恐慌發作，吃了將近二十年。跟自己的思緒抗戰的過程千真萬確，而且有時候，真的非常可怕。

　　我剛開始發現法則時，是使用它來改變我的行為。法則的效果非常棒，而且透過每天的勇氣採取行動，已經成了第二天性，我也變得更加有自信。然而焦慮從來沒有消失過，一直偷偷潛藏於表面之下。我努力學習去與它共處、管理它，確認自己不會任它爆發成徹底的恐慌。

　　大約四年前，我開始想，不知道可不可以使用 #5SecondRule 五秒法則改變生理行為以外的層面，不知道它能不能改變我的思想。我看到它在其他習慣上造成的效果，所以為什麼不試著打破心理的焦慮、恐慌和恐懼習慣呢？畢竟那些也是我們不斷重複的模式，它們只是習慣而已。

　　我開始運用法則改變大腦運作的習慣，開始使用法則打破擔憂的習慣，隨著我熟練這種技巧後，我就用法則控制我的焦慮，擊敗我對飛行的恐懼。確實有效。

　　就在我寫這段文字時，我可以告訴你，我已經治好我的焦慮症了。我再也沒有服用樂復得，恐慌也不再復發。我再也沒有擔憂的習慣，而我對飛行的恐懼呢？沒了。學習控制我的大腦、引導思緒、拆除恐懼，是我為了改善生活品質而做的事情中，最棒的一件。我幾乎再也不會感到憂慮，而少數還是會擔心的時刻，我就 5-4-3-2-1，引導我的思緒到解決方案，而不是繼續擔心那個問題。我使用法則改變了我的念頭，現在是這輩

子最快樂也最樂觀的時候。我的大腦為我工作，而不是與我對抗。

現在，輪到你了。

首先，你會學習如何使用 #5SecondRule 五秒法則、關於習慣的科學，還有感恩的力量，去打破憂慮和對自己說負面話語的癮頭，

其次，你會深入焦慮和恐慌的主題，你將會知道它到底是什麼、不是什麼。而我會給步驟詳盡的方法，教你怎麼打斷焦慮、重新塑造，最後從你的生活中消除。

最後，你會學到有科學佐證的策略，教你如何擊退恐懼。以我對飛行的恐懼當作實例，你會學到如何使用法則，加上「錨定想法」（anchor thoughts），預防恐懼占據所有思想。

你即將學到的所有內容，都非常簡單而強大，你甚至可以教導孩子使用。

生活非常美妙。
然後非常糟糕。
又再次變美妙。
在美妙和糟糕之間，
是平凡、世俗、千篇一律的。
在美妙時吸氣，糟糕時憋住，
到平凡的時刻放鬆並吐氣。
這就是生活。
心碎、治癒靈魂、
美妙、糟糕、平凡生活。
多麼美到令人屏息。

——美國女作家

L・R・諾斯特（L.R. Knost）

第 12 章
停止憂慮

「想想還留在你身邊的美好，

保持快樂。」

——《安妮日記》 安妮・法蘭克

　　相較於其他的改變，終止憂慮的習慣，將會對你的人生有最積極正面的影響。不管你信不信憂鬱這種情緒是被教導的。小時候，你就常聽到父母在擔心「小心一點」、「戴上帽子，不然會感冒」、「不要坐得離電視那麼近」。長大後，我們更是花了太多時間和精神在擔心我們沒辦法控制或可能出錯的事。當你接近人生的終點時，你真的會希望你沒有如此。

　　卡爾・皮勒摩博士（Karl Pillemer）是康乃爾大學人類發展學教授，也是「傳承計畫」的創始人。他與 1,200 位長者討論生命的意義，並非常震驚地發現，**大部分接近生命盡頭的人，都有同樣的後悔：真希望我沒有花那麼時間在擔心。**他們的建

議「非常直接明瞭：在你寶貴且有限的人生中，擔心是極其浪費生命的事。」

你可以停止憂慮，而且 #5SecondRule 五秒法則會教你怎麼做。憂慮是一種大腦的預設內容，當你沒有在注意時，思緒就會自動飄到那裡去。所以重點就是當你不自覺的開始憂慮時，趕快抓住自己，然後使用法則重新取得大腦的控制權。讓我舉個例子。

我先生最近拿到機車的駕照，剛買下一輛小型的二手機車。昨天，我就坐在家裡面，看到他騎著機車從車道出去。他騎到馬路上時，我的思緒已經開始飄到憂慮那裡去了。

我開始擔心他不知道會不會被車子撞到，丟了性命，或者我會不會很快就接到警察的電話，跟我說他出車禍了。這些憂慮就在五秒鐘內劫持了我，對，就那麼快。但你知道嗎？我對這件事的憂慮根本不會讓他保持安全，也無法預防意外發生。如同先前研究中一位 83 歲長者所說，我的憂慮「不會解決任何問題」，它只是在克里斯騎車出門的那段時間裡，讓我處於極度緊繃的狀態，剝奪我享受當下的自由。

我發現自己開始擔憂的瞬間，我就使用法則 5-4-3-2-1，開始想一些正面的事情，像是他面帶微笑在路上騎車的樣子。

好笑的是，其實克里斯也是個自行車愛好者，他完成了好

幾次鐵人三項，常常一個人在外面，以時速 40 到 50 英里（約
64 到 80 公里）的速度在馬路上練習。我從來沒擔心過這個，
現在卻在擔心他以 10 英里（約 16 公里）的時速在馬路上騎機
車。可能出什麼事嗎？當然可能，但通常不會。

　　你開始使用法則來終止憂慮後，就會吃驚地發現，你的思
緒有多常飄到負面的地方去。我自己每天都會這樣，真的很糟
糕，所以我每天都在對抗它。有些日子裡，我一天內就必須用
法則控制思緒十幾二十次。就像那天，我又發現自己的思緒不
斷飄向擔憂。

　　那天是我們的女兒結束在秘魯的志工服務，要回到美國的
日子，一整天，我都發現自己的思緒飄向飛機失事、錯過班機、
從安第斯山脈的懸崖掉下去、客運失事、行李不見、這些女孩
被扣留在機場……。這些孩子沒事，而若沒有法則，我就毀了
自己的一天。每次我抓到自己的思緒飄到不好的事情上時，我
就會對自己說「噢不，不行喔……」然後引導它到某個會令我
微笑的畫面上，像是她們回家後，在廚房裡機哩瓜啦停不下來
地跟我們說旅行期間的事。

愛的感覺通常會誘發擔憂

關於擔憂，還有另外一件令我驚訝的事，就是它有多會暗中起作用，而且多快就能完全控制你。我很常在感覺到幸福與愛的那個瞬間，就開始擔心，這也令我非常驚訝。

今年春天就發生了這樣的事，那時我正看著十七歲的女兒，經歷了不可思議的瞬間，我的心突然被幸福充滿，感覺到一陣陣愛意流經我的身體。然後毫無預警地，所有憂慮像洪水般灌入我腦中，偷走了美好的瞬間，我所感覺到的只有恐懼。

那天在購物商場，索耶兒在找高中舞會要穿的禮服。那是個漫長的下午，我們已經逛到第三間禮服店，她試穿了超過 40 件禮服，每一件她都不喜歡，告訴她說她看起來很漂亮，只會讓她的心情更不好。

我跟她一起待在試衣間裡，把不要的禮服掛回衣架上，再遞下一件給她試穿。我開始焦慮，覺得我們永遠也找到她喜歡的衣服。我把另一件禮服遞給她，然後說：「我們趕快把下面這三件穿完，然後就離開這裡吧。」我走出試衣間，給她一些空間，並去叫克里斯。

突然她呼喚我：「媽，你可以進來一下嗎？」

我試圖辨認她的聲音，但聽不出她是在哭、沮喪、需要幫

忙拉拉鍊，還是什麼的，我一把打開門，她穿著一件長度及地的禮服，我可以從鏡子裡看到她的樣子，而她看起來，三個字，美呆了。這一件非常完美，是水蜜桃色，有著粉紅色的美麗流線邊緣，符合她所有的條件：沒有亮片、沒有蕾絲、露背和明亮的顏色。我們的目光在鏡中交會。

「你覺得怎麼樣，媽？」

我感覺到眼淚湧上來。我記得當她還是個小嬰兒時，也有過這樣的經驗，當你如此深愛一個人時，強烈的情緒浪潮會這樣流經你的全身。半夜，我會起床到她身邊去巡視，獨自站在她的嬰兒床邊，看著她躺著睡覺，小手舉到頭上的模樣，我就會被這樣的愛的浪潮席捲，並讚嘆我能夠如此愛一個人，感覺就像我的心臟會爆炸一樣。

當時站在購物商場的試衣間外面時，我就是這種感覺，我只感覺到愛。突然之間，擔憂湧了出來，把這美好的當下從我身邊偷走。毫無預警地，我開始想到她上大學、結婚、成為新手媽媽、住在離我很遠的地方、時間流逝、越來越老，然後我的生命就要結束了。我的人生在眼前閃過，時間匆匆流逝，就在那一瞬間，我覺得我要失去她了，悲傷和失去的感覺太過強烈，我的眼裡湧出淚水。

索耶兒看到我變得情緒化，以為是因為那件衣服。「呃，

媽，不要哭啦，你會害我哭。」但我哭是因為我有多害怕看到她長大，我哭是因為時間流逝得太快，我希望生活可以慢下來。擔憂把那時刻所有的喜悅都奪走了，它將我帶離索耶兒，進入腦袋裡一個黑暗的地方。我本應該就待在當下，讚嘆我那美麗的女兒，但我卻感覺害怕。

擔憂和恐懼就是這樣入侵你的思緒，把生活中的美好與讚嘆從你身邊奪走。布芮妮・布朗在她的暢銷書《脆弱的力量》中，也描述過一模一樣的現象。她發現在喜悅的時刻感覺擔憂（比如沒辦法單純享受和孩子的擁抱，因為一直擔心某些不好的事情發生在孩子身上），出人意料的是一種非常普遍的現象。為什麼讓自己沉浸在喜悅中如此困難呢？布朗博士告訴我們：「因為我們試圖預先擊退脆弱。」

當你的思緒帶你到某些悲傷、黑暗、懷疑、負面的地方時，你不需要跟著它去。我很喜歡海茵寫給我的：「99.9999％的時候，那都只是我在腦袋裡創造出的虛假現實。」

> 自從我看了你在 TED 的第一場演講，我才發現我那壞的內在聲音是多大的敵人，不只損害我的自信，甚至限制我前進、讓自己成長的能力。每個決定和轉機，都被自我懷疑的陰影蒙蔽，擔心其他人會怎麼想，但 99.9999％的時候，那都只是我在腦袋裡創造出的虛假現實。我最大的挑戰是，也永遠都會是，停止擔心其他人怎麼想我，別人怎麼想根本沒有差，舉杯向你致意！謝謝你如此重大的激勵！

當你發現內在聲音變成了「敵人」，就像海茵和我經歷的一樣時，最重要的是「停止憂慮」，在五秒鐘以內辨識出它，你就能夠重新取回控制權。

我開始默默在心裡倒數，「5-4-3……」，隨著我倒數，我可以感覺恐懼在身體裡逐漸減少。倒數將我從腦袋裡用力拉出來，把我放在這個當下，它把擔憂換成專注。我不會讓我的大腦剝奪我跟女兒此刻的經驗，我不會任憑擔憂的習慣使我無法待在這個當下，並在心裡拍下照片。

接著我問自己兩個簡單的問題：「此刻我感激什麼？我想要記住什麼？」當你問自己這些簡單的問題時，就是在生理

層面影響大腦。為了回答問題，你必須思索你的生活、關係、工作等，去尋找此刻的答案。

它會讓你專注於生活中美好的面向，只要你開始思考你在感激什麼，你就已經開始感覺到感激，而不是憂慮了。這個問題的答案對我而言很清楚，我很感激眼前這一位美麗的年輕女子是我的女兒，而且經過三個小時的兵荒馬亂後，我很感激她終於找到禮服了。

凱蒂也使用法則提出她感激的事物，控制住憂慮的感覺。

我是在加州凱康莉（Kyani）大會上看到你的。我差點就沒踏上那次旅程了，離開我的五歲女兒，讓我充滿焦慮和罪惡感，而且我也才剛經歷離婚。但我去了，而且見到了你，你對我而言是極大的激勵。我在根本不知道有這件事之前，就在使用五秒法則督促自己出發了，離開的那幾天我每天哭。

我依然每天在生活中使用法則，來讓自己健身、不要悲傷、更加感恩，不要被離婚綁住，因為我們就是不確定，而那沒有關係。我正在學習，生活中沒有事情是完美無缺的，所以謝謝你。

凱蒂

　　生活中沒有事情是完美無缺的，完全沒有。但你可以使用5-4-3-2-1，關掉大腦裡的碎碎念，學習珍惜所有微小的當下，像是為你的女兒而感恩。

　　去體會感恩不只感覺很棒，根據美國神經科學家柯亞力（Alex Korb），感恩還能活化分泌多巴胺的腦幹區域，而改變大腦的化學反應。我的憂慮消失後，我深呼吸，然後走進試衣間，靠近她身邊，把手放在她的肩膀上。我們的目光在鏡中交會。

　　「所以呢？你覺得如何，媽？」

　　「我覺得路克一定會心臟病發，妳看起來真的太美了。」

害怕沒有關係。

害怕表示你
即將要做某件
非常、非常
勇敢的事。

第 13 章
終結焦慮

「駕馭你的思想，否則它會駕馭你。」

——羅馬時期詩人 賀拉斯（Horace）

焦慮，就是當你那擔憂的習慣失去控制時，會發生的事。身為一輩子的焦慮患者，我太清楚那種被焦慮狠狠掐住的感覺，可以到多麼恐怖。不過我也知道怎麼擊敗它。答案就是使用 #5SecondRule 五秒法則，搭配一種稱為「重新塑造」的策略。

要擊敗焦慮的關鍵，在於先了解它。如果你可以在發作的瞬間就捉住它，並重新塑造它，你就可以在大腦強化它成為徹底爆發的恐慌症之前，穩住你的思緒。隨著時間過去，你一次又一次地使用 #5SecondRule 五秒法則，焦慮就會開始減輕，變成剛開始的形式：就只是單純的憂慮。而你剛剛才學到，憂鬱的習慣可以輕易破除。

我覺得我是天生容易焦慮。小時候，我父母說我有「愛緊

張的腸胃」，而且什麼都擔心，我就是那個在營隊時，會想家想到必須提早回家的孩子。大學時，只要我被叫到，臉就會紅得跟番茄一樣。在派對上，我必須依賴「勇氣飲料」才敢跟可愛的男生說話，因為沒有酒的話，我會緊張到脖子起疹子。

恐慌症發作則是在我二十出頭時開始的，那時我剛進法學院。恐慌症發作的感覺，就是你好像快要心臟病發，而發作的原因有兩種：第一，因為你有很可怕的事情要做（公開演講、面對前任、坐飛機），或是第二種，完全沒有任何原因。

如果你從來沒有恐慌症發作的經驗，這是最貼切的形容方式：就是你的大腦和身體經歷了一次沒有辦法以言語形容的「跡近錯失」（Near Miss）[1]。讓我用個非常簡單的比喻來說明。

▌一般恐慌與恐慌症發作

人生中，總會有不計其數的恐慌經驗，而那是完全正常的。假設你今天在高速公路上開車，準備要切換車道。突然間，

---

1 醫學界的正式定義為，由於不經意或即時的介入行動，而使其原本可能導致意外、傷害或疾病的事件或情況並未真正發生。也就是千鈞一髮、虛驚一場、差點出意外的意思。

有一輛不知道從哪冒出來的車子，急速超過你，插到你前面去，你急轉方向盤閃開它，差一點點就撞上了。在高速公路上發生這種「跡近錯失」時，你感覺到腎上腺素流竄過身體，心跳加速，呼吸加快，皮質醇激增，你的身體進入一種高度警覺的狀態，這樣你才能控制住車子，你甚至可能有點冒汗。

而當你的身體受到驚嚇時，會誘發大腦去探究身體為什麼這麼激動。在這個高速公路的例子中，大腦知道你差點出車禍，這就是身體恐慌的原因。

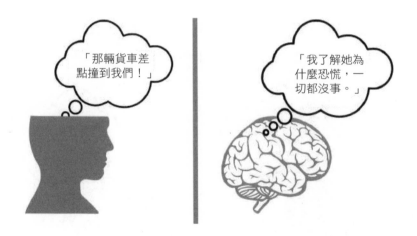

當大腦找到身體剛才為什麼恐慌的合理解釋時，它就不會提升焦慮的感覺。大腦會讓你的身體慢慢平靜下來，因為它知道「危險」已經過去。你的生活會回復正常，而下一次你要切

換車道時，就會更加小心謹慎。

恐慌症發作時，同樣「跡近錯失」的感覺衝過你的大腦與身體，沒有任何警告，也沒有任何前導事件。你可能是站在你家廚房裡，倒了一杯咖啡，完全沒有任何來由的，你就突然一陣腎上腺素流經全身，就像在高速公路上差點被車子撞到的感覺一樣。

你的心跳加速，呼吸加快，可能有一點冒汗，皮質醇激增，身體進入高度警覺的模式。既然身體處在一種激動的狀態，大腦就會很快的試著弄清楚原因，如果你沒有非常合理的原因，大腦就會覺得你一定處在真正的危險中，會發揮最原始的功能，強化恐懼感，認為危險即將來臨。

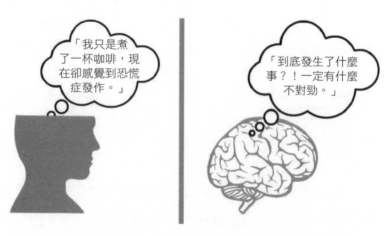

你的心跳開始加速時，大腦會快速的尋找解釋，這樣它才

能理解身體到底發生了什麼事情，決定要怎麼保護你。可能是我快要心臟病發了。可能是我不想要下個月結婚。可能是我快被解雇了……可能我快死了。

如果大腦找不到適當的解釋，就會讓焦慮更加惡化，這樣你才會想要直接逃離那個狀況、離開那個房間。如果你看過某人恐慌症發作，他們會異常慌張、到處狂奔、思緒混亂、露出「被聚光燈照到的小鹿」模樣，而且突然「必須離開那個房間」。這是惡性循環，也就是我多年來一直承受的問題。

有好長一段時間，我不明白正常恐慌和恐慌症發作的不同，也不知道大腦扮演的角色，是在加強我的焦慮。我去找心理治療師，試過各式各樣的認知技巧，試著阻止自己恐慌。狀況嚴重到我開始害怕恐慌症發作本身，當然，那種恐懼只是令我的恐慌症更常發作而已。

最後，我只能服用樂復得來治療自己。樂復得對我的效果非常好，我吃了將近二十年。如果你待在一個深淵，自己沒辦法爬出來，去找專家協助（以及可能的藥物）。雖然並不能完全取代心理治療，但能改變你的生命。

我以為我這輩子都會一直服用樂復得。不過後來我們有了孩子，他們三個都開始出現不同的焦慮症狀，焦慮影響他們的正常生活，沒辦法在別人家睡覺，只能睡在我們臥室的地板

上，而且什麼事都擔心。奧克立把他的焦慮模式稱為「奧立佛」，而我們的女兒索耶兒稱她的焦慮為「萬一迴圈」。她有一次跟我說：

「感覺就像我的頭腦裡有個『萬一迴圈』，我只要一開始想所有的『萬一』，我就會困住，繼續去想所有的『萬一』，我沒跳脫辦法出來，因為總是會有很多『萬一』。」

我知道被那種感覺纏住有多麼可怕，而且看到我們的孩子在受苦跟害怕，更是讓人心碎。在努力幫助他們對抗焦慮的過程中，真是大開眼界又受盡挫折，因為什麼方法都沒效。我們去專家那裡，試了各式各樣的方法，我們為他們設計有獎勵的遊戲，讓他們「面對恐懼」，卻似乎只是更加惡化。

我停用樂復得，這樣我才能在沒有藥物的幫助下，直接面對自己的恐懼。我想要更加了解它，找出擊敗它的方法，這樣我才能幫助我的小孩找到方法擊敗恐懼。這是我學到的。

▍試著冷靜下來沒有用

我花了無數小時與治療師諮詢，他們都告訴我和孩子們，只要「切換頻道」，去想其他事就好。如果你只是普通的憂

慮，這麼做確實有效，但基本上，這個策略對徹底爆發的焦慮根本沒用。原因是這樣，當你感覺焦慮時，你是在一種生理激動狀態中，如果你叫一個人冷靜下來，等於是要求他從時速 60 英里（約 97 公里）降到 0 英里，那就像是把大石頭放在全速前進的火車前面，試圖讓火車停下來，火車只會脫軌。

《行為研究與治療》（*Behavior Research and Therapy*）期刊中，有一篇研究指出，對於討厭的想法，那些本能上會去壓抑它們的人，最後只會因那些想法而更加痛苦。沒有錯，當你試圖告訴自己冷靜下來，你會讓焦慮更加惡化，因為你在與它們對抗！而當你了解恐慌是是什麼、它是如何作用的，還有大腦會讓它更加嚴重時，你就能夠擊敗它了。

有兩種策略，配合使用的效果絕佳：使用 #5SecondRule 五秒法則對大腦進行堅稱控制，然後重新塑造焦慮為興奮，這樣大腦就不會強化它，身體也能夠平靜下來。

▌興奮和焦慮在身體裡是一樣的

我第一次使用這個「重新塑造」的策略，是因為要做公開演講。我收到很多關於演講的問題，尤其是問我如何克服在大眾面前演講的緊張害怕。我的答案總是令人意外：**我從來沒有**

克服我的緊張害怕，我只是利用它們來幫助我。

我靠很多很多演講來維生。2016 年時，我被封為美國最常受邀演講的女性講者，一年 98 場演講。很驚人，我會緊張嗎？當然會，每一場都會。但祕訣在這裡：我不會稱它為「緊張」，而是稱為「興奮」，因為**從生理學角度來說，焦慮和興奮是同樣的事**。讓我再說一次，恐懼和興奮在身體裡是完全一樣的。兩者唯一的差別就是你的大腦怎麼稱呼它。就像那個「跡近錯失」的例子，如果你的大腦對身體為什麼恐慌有很好的解釋，就不會加強恐慌。

我第一次正式公開演講，就是在舊金山的 TEDx Talk。我還記得站在後台，聽著一個博士接著一個博士上台演講，我心裡想：「這真是我要做的事情中，最愚蠢的一件了。跟這些聰明的人比起來，我聽起來一定就像個白癡。」

我的手心在冒汗，心跳加速，臉很燙，腋下就像尼加拉瓜大瀑布般不停滴水，我的身體正在準備**行動**！它已經準備好要做些什麼了。但我告訴自己我在緊張，我把這些感覺標示為某些壞事即將發生的徵兆，因而越來越緊張。

想知道更誇張的事嗎？六年下來，講過了幾百場演講，現在我在後台時，身體還是會有**完全一樣**的感覺。手心冒汗，心跳加速，臉發燙，腋下開始滴汗。生理上來說，我是在很激動

的狀態，我即將要採取**行動**，而身體也已經準備好了。我感覺到跟恐懼完全一樣的反應，只是將它轉移到比較積極的方向。

我演講的次數越多，對於自己講的內容就越自在與自信，雖然我從能力中得到自信，但我也注意到身體裡的感覺從來沒消失。這時候我才意識到，或許這只是我身體的準備方式，準備要做去某些很酷的事了。因此我開始告訴自己，我是興奮起來，而不是緊張。

說你很興奮

我從來不曉得我的「小祕訣」背後居然有些科學根據，這叫做「焦慮重新評估」。把你的焦慮重新塑造為興奮，真的有效，雖然簡單，不過效果強大。哈佛商學院教授艾麗森·伍德·布魯克斯（Alison Wood Brooks）做過許多研究，證實這個方法不只對降低焦慮有效，甚至能讓你在數學考試、演講等事情中表現更好。

簡單地說，因為焦慮是一種激動狀態，說服你的大腦說所有的緊張**感覺**都只是興奮，會比試圖讓自己冷靜下來簡單得多。把這個技巧應用於各種實驗中，包括唱卡拉 ok、在鏡頭前演講、參加數學考試，在每一種挑戰中，說了「我很興

奮」的參與者表現，都比說「我很焦慮」的參與者好。把你的緊張重新塑造成為熱情是有效的，就像蘇西這樣，她使用 #5SecondRule 五秒法則來 5-4-3-2-1，將「那種感覺」留在她的肚子裡，而不是阻礙她。

 Suzi Helmllinger

我先生和我正計畫要以重大的方式，離開我們的舒適圈。他很快就要退休了，我們想要橫跨大半個國家，搬到東岸去。每次我肚子裡有「那種感覺」（你知道的，對改變的恐懼），我就會想起五秒法則，製作一張清單，列出我必須做什麼，然後逐一完成，這會讓我們離夢想又更近了一點，謝謝你的啟發。

關於告訴自己「我很興奮」的重點是，它並沒有確實降低流竄在你身體裡的感覺，只是給大腦一個解釋，讓你更有力量。這樣一來，緊張的感覺就不會提升，你依然能控制自己，隨著你開始行動，身體裡那些激動反應也會開始平靜下來。

下一次當你在泡咖啡、感受到上舞台前的恐懼、比賽開始前的焦慮，擔心重要考試或工作面試，因而恐慌症發作時，就使用 #5SecondRule 五秒法則和這個新研究擊退焦慮。

只要你感覺到焦慮占據了你的身體，控制你的思想時，趕快 5-4-3-2-1，立刻告訴自己「我好興奮」，督促自己前進。

這就是 J・葛瑞格重新塑造自己的感覺，擊敗焦慮的方式：

 J. Greg Morrison

 我重新塑造了這種遲疑，當作是在五秒鐘內讓工作繼續進行的方法，就算我並沒有想做的感覺。我讓這種「不想做的感覺」變成徹底爆發的恐慌症，而我真心覺得你的演講幫助我找到脫困的方法。終於！所以，謝謝你幫助我重新塑造這些「不想做」的感覺，變成「正常的」，而不是「神經質的」。

　　身體上的影響（推一把的力量）是很關鍵的，就從倒數開始。有意識的對自己施加力量，讓你的前額葉皮質接手控制，專注於正面的解釋上。第一次使用這個方法時，你一個小時可能得重複 27 次，我們 11 歲的兒子第一次用這個方法對抗他對在朋友家過夜的焦慮時，他就這樣一直不斷重複「我很興奮要去朋友家過夜」，持續整整六個小時的車程……可憐的小孩。

　　我開到奎因家的車道後，把車子停好，問他：「你還好嗎？」他回答：「我的心跳還是很快，肚子還是怪怪的，但我很興奮要在朋友家過夜。」那是六個月前的事，他對在朋友家過夜的焦慮已經消失，現在是真的很興奮，而這就是此工具的力量：它真的有效。

「你比自己相信
的更勇敢，

比自己看起來的
更強壯，

也比自己以為的
更聰明。」

——創造小熊維尼的英國作家
亞倫・亞歷山大・米恩（**AA Milne**）

第 14 章
擊敗恐懼

「勇氣，親愛的心。」

—— 《納尼亞傳奇》作者
C・S・路易斯（C.S. Lewis）

　　恐懼會讓你做出很不正常的事，以前我生命中一項最大的恐懼，就是死於慘烈的飛機失事。每次我搭飛機時，我就會變成徹底的怪人，我相信各式各樣關於搭飛機的迷信。首先，我會開始在登機口附近尋找帶著小寶寶的女性、穿著制服的男女、牧師、修女、坐輪椅的人、值勤結束要搭機回家的機師，或就是看起來很和善的一般人。然後我會告訴自己，有這些好人在飛機上，神不會讓這架飛機失事的。這麼做可以讓我平靜到上飛機，但接著，飛機在跑道上滑行時，每次震動和飛機發出的每個聲音，都會讓我心跳加速、胸口緊繃。

　　起飛時是最糟的，當輪子離開柏油路面的時候，我通常已

經在徹底的恐慌之中了。我會閉著眼睛，在腦中看到一場大爆炸、恐怖分子、我離開飛機的那條隊伍卡住了，或是飛機直接從天上墜落。我會緊緊抓著扶手，幾乎無法呼吸。如果機長透過擴音器跟我們說話，我的恐懼會減輕一些，但依然無法放鬆，直到安全帶警示燈熄滅為止，那就是我的信號，意思是機長判斷在機艙中移動是安全的。在我腦中，這表示現在死於飛機墜毀的威脅已經解除了。

我治好了自己對飛行的恐懼，就是使用 #5SecondRule 五秒法則，加上一種特殊形式的焦慮重新評估，稱之「錨定想法」。你可以以同樣方式，用法則對付各種恐懼，札哈拉就是這樣處理她對搭飛機的恐懼，「而且很有效」！

Zahara Khan

P.S. 我可以理解你在聖地牙哥的演講中分享的，你對飛行的焦慮！我以為我是唯一害怕它們的座椅會在飛機失事中爆炸的人！：D 就是因為這樣，我不再看《空中浩劫》（*Air Crash Investigation*）和《重返危機現場》（*Seconds Before Disaster*）。我朋友 2011 年給我的建議，還有你的五秒法則都很有幫助。

Rizwan Massani 你又要搭飛機了嗎？

Zahara Khan 已經搭完了。這次試了五秒法則，
而且很有效！

以下是我的方法，也是我對札哈拉說的技巧。

製造錨定想法

首先，在搭飛機之前，我會想出我的「錨定想法」，就是關於我這趟旅程中的一些想法，如果恐懼湧現，我就想這些事情。我會先從想這次旅程開始，我要飛去哪裡，等我到達那邊後，有什麼很期待要做的事。

如果我是要去愛達荷州的德里格斯（Driggs, Idaho）找朋友，我的錨定思想就會是攀爬桌頂山（Table Top mountain）。如果我是要回密西根的家，我就會想像當我們把車子開進我父母家的車道時，孩子們跑下車去擁抱我家人的場景，或是跟我媽在密西根湖畔散步的模樣。如果我是要去芝加哥開會，我就會想像跟客戶吃著非常美味的晚餐。一旦腦中有了特定的畫面，剩下的就很簡單了。

這種使用 #5SecondRule 五秒法則的形式，就是研究人員所說的「如果－那麼」計畫。這是一種透過預先制訂備用計畫，

來讓自己一切都在掌控中的方法。

計畫 A 是不要緊張。但**如果**我真的上了飛機，開始覺得緊張，**那麼**我就拿出計畫 B：我會使用 #5SecondRule 五秒法則和錨定想法，來擊退我對飛行的恐懼。研究顯示這種「如果－那麼」計畫，可以提升成功機率高達三倍。

在飛機上

只要我注意到某些令我緊張的事物，不管是警示聲、亂流、攀升的時間似乎太久、看起來很不祥的天氣，或是隔壁乘客給我的不祥預感，都可以輕易挑起我的恐懼，因為我的思考模式已經根深柢固了。這種狀況發生時，我就開始倒數 5-4-3-2-1，把恐懼從腦中沖掉，活化前額葉皮質，把自己拉回現在這個當下。

接著，我會強迫自己把思想錨定在根據目的地而產生的特定情境中，我會在心裡想著跟媽媽一起走在沙灘上、和客戶在芝加哥吃晚餐，或和好朋友爬上桌頂山，我的心情會有多開心。

這些錨定的畫面是強而有力的提醒，讓我想起一個事實……如果我今天晚上跟客戶一起，坐在芝加哥的餐廳裡吃晚餐，或是明天早上跟我媽一起去密西根海灘上散步，或是及時

回到家進行女孩們的袋棍球比賽，那顯然飛機並沒有墜毀，我也沒有什麼好擔心的。更重要的，我讓自己的大腦有期待的內容，這樣它就不會加強恐懼。我開始想那些錨定想法時，身體就會平靜下來。

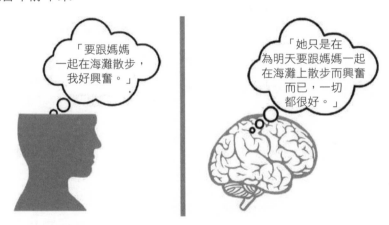

就這樣一次又一次的使用這項技巧，我治好了對飛行的恐懼。而且我說使用，是一次又一次地使用。它會變得越來越簡單，直到突然間，你就不會再害怕了，你已經將自己的大腦訓練成會預設積極的事物：對你即將要做的事感到興奮，而不是恐懼。戴娜已經成功運用這項技巧，而她從未「搭飛機時如此平靜」。

Dana Siemsen Smith

我超愛看你在凱康莉大會上的演講！昨天我在飛機上使用你的 5-4-3-2-1 方法，真的有效！我從未在搭飛機時如此平靜！謝謝你！你的話有啟發性又振奮人心！

法藍也是在達拉斯的會議上學到這項技巧後，回程班機馬上就使用，它「讓世界都不一樣了」。

 Fran

嗨！謝謝你！我確實有個經驗。

我一直都很討厭搭飛機，總是想辦法避免。「Nerium Get Real」的活動在達拉斯，而因為我們住在馬里蘭，所以不得不飛。整趟飛行中我都在恐慌症發作的邊緣！我實在太不舒服，把其他人也搞得很不高興（笑）。然後你在 Get Real 大會上的演講，OMG（我的天哪），它讓回程的世界都不一樣了。每次我覺得恐慌時，我就使用你的五秒法則，飛行到一半時，我居然在看窗外還拍照！我真不敢相信，因為害怕，我錯過了多少東西！

這對我而言已經是足夠的證明了，在其他領域也一樣很有效。

　　我很喜歡法藍在訊息最後寫的：「我真不敢相信，因為害怕，我錯過了多少東西！」她說的沒錯，而這真的很讓人難過。我也發現了同樣的事情，我每一天都在剝奪自己的喜悅、機會和魔法，因為我活在恐懼之中。其實並不需要這樣，在五秒鐘裡，你就可以取得控制，你可以戰勝恐懼。

　　現在，我再也不會因搭飛機而緊張害怕了。偶爾，如果我們遇到亂流，我就會使用法則，以免我把指甲掐進隔壁那個人的手臂裡。

　　不過當我遇到其他恐懼時，我還是會運用這個技巧。比如說，在協商或困難的對話之前，我就會創造相關的錨定想法，想像這場對話或協商進行得非常順利。精確地說，我可能會想像某個人擁抱我，或感謝我「進行了這次對話」，或是和我的商業夥伴，在我們最喜歡的酒吧裡舉杯慶祝合約成交。

　　這種想法令我得以扎根、處在當下、更有力量。若你帶著害怕開始一場對話，你不可能發揮最佳的自己，因為你大腦有一部分正忙著即時處理你的恐懼。而你有錨定想法後，就會讓

你在發現思緒飄向恐懼的瞬間，立刻讓恐懼消失。

記住，就算你的恐懼和習慣可以在五秒鐘之內侵略你，你可以同樣快速地取回控制權，並且永遠「繼續如此做」。

 Claudia Granados
謝謝你，你幫助了好多人面對我們的恐懼！！
我已經在使用 5-4-3-2-1 法則了，也會繼續如此
做下去！永遠感激！

駕馭你的大腦，
任何事都有可能。

PART

5

勇氣能
改變一切

如何成為最有成就的人

我們接近這本書的尾聲了。你已經知道五秒法則的故事，了解每天勇氣的概念，你也看過許多實際運用 #5SecondRule 五秒法則的方法，改變你的行為和想法。你現在已經準備好進入更深入也更心靈的主題，它會影響你與自己的關連。

首先，你會探索自信，以及怎麼使用每天勇氣的行動去建立自信。你會發現自信和性格有著令人驚訝的連結，你會看到一些人，他們非常成功的建立了自信，也會看到一些更坦白的社群媒體貼文，關於怎麼和人生中最重要的人重新連結：那就是你自己。

第二，你會學習怎麼運用每天的勇氣，幫助你發掘自己的熱情。你會看見一些使用 #5SecondRule 五秒法則的人，贏得了與恐懼的戰爭，找到勇氣追尋自己心裡想要的，他們的例子會激發你去做一樣的事。

第三，你會探索什麼才能在人際關係中，創造深入且有意義的連結，還有為什麼勇氣是這麼關鍵的成分。這個章節中的

動人故事，會激勵你竭盡所能撥出更多時間與你愛的人相處，並告訴你一件簡單的事情，任何時間都可以運用來加深你的人際關係。

　　拿好面紙。

　　這是本書中我最喜歡的部分。如果你可以強烈你的自信、熱情、與他人的連結，你的人生將會轉變成你以為只有夢中才能實現的模樣。

一定會有某人
看不見你的價值。

不要讓那個人
成為你。

第 15 章
建立真正的自信

「你害怕進入的洞穴裡，就藏著你尋找的寶藏。」

──約瑟夫・坎伯（Joseph Campbell）

　　人們都以為自信是個性的問題，這是大錯特錯。自信只是表示你相信自己、自己的想法和能力，任何人都可以學習如何變得更有自信，這不是人格特質，而是一種技巧。

　　你可能有外向的個性，很喜歡說話，但那不代表你有自信。房間裡最多話的那個人，可能是最沒安全感的一個，只有說出自己的想法，才能讓他看起來很厲害。看看我就知道了，好長一段時間以來，我多話又頤指氣使，但我對自己、自己的想法和能力都沒安全感。

　　你認識的人中，最安靜的那個，可能才真的是最有自信的。你那個內向的好朋友，可能對自己的想法有極大的信心（而且你不問她時，她還會不開心），但她害怕說出口，因為

她的臉會變紅。她不是缺乏對自己想法的信心，只是需要一點點勇氣，帶她穿過被說臉紅的恐懼。

我有個經驗，可以說明在自信、勇氣和個性之間的關連，同時再次告訴你，當你 5-4-3-2-1 將自己推出舒適圈時，你會感覺到自豪有多實在。

前陣子，我有個機會到思科系統，全世界最大的網路科技服務公司演講。幾個月以後，我又再次受邀回去講類似的主題，而這次的對象是比較資深的工程團隊。

我抵達第二次演講的場地，正在跟視聽團隊一起準備時，有個男人朝我走來。他看到我非常開心，以一個像老朋友一樣的溫暖擁抱跟我打招呼。我在中西部長大，最喜愛的就是真誠的擁抱。他簡直無法壓抑自己的興奮之情，說他「有一件超級興奮的事要告訴我，是關於法則的」。

他幾個月前在思科現場看了我的演講。那次演講中，就跟我演講時通常會做的一樣，我給觀眾一個使用 #5SecondRule 五秒法則的作業：

今天跟三個陌生人自我介紹，使用五秒法則。

接著，我解釋為什麼我希望他們做這項作業：

仔細關注你的直覺，當你有被某個人「吸過去」的感覺

時，就是「推一把的時刻」。抓住它，開始倒數 5-4-3-2-1，並在五秒鐘內朝著那個人走過去，在你的大腦叫你不要那麼做之前。

然後我向觀眾解釋，在他們進行這項簡單的作業時，可以預期會發生什麼狀況。他們看見某個想要認識的人，在那個瞬間，大腦就會冒出一百萬個他們不該走過去自我介紹的理由。

噢⋯⋯等一下，他們在跟其他人講話，我不想要這麼魯莽；她看起來很忙，所以我晚點再找她好了；他在看手機，所以我還是不要打擾他；時間還很多，所以我下一段休息時間再做好了。

所有你想的這些事情，都不是真的，那都只是你的大腦試圖阻撓你。

這位工程師新朋友提起我派給他們的作業後，就開始描述他的狀況。我在思科的演講結束之後，他站在走廊上，有了「推一把的時刻」。思科執行長約翰‧錢伯斯（John Chambers）和一群高階領導人一起走過去。好，你必須了解，錢伯斯是思科的傳奇人物，據大家所說，他是個非常棒的人。錢伯斯擔任執行長二十年，就在隔天，他們即將宣布他要離開執行長一職，

由查克・羅賓斯（Chuck Robbins）接任。

所以這位才剛學到 #5SecondRule 五秒法則的工程師朋友，就站在走廊上，看見錢伯斯，他的直覺迸發，立刻有一股衝動上前自我介紹，並感謝錢伯斯激勵了他，順便讓錢伯斯知道，他覺得在思科擔任工程師有多驕傲。他告訴我，他知道自己應該做，他也試著推自己一把，但他僵在原地。

他說他覺得全身麻痺，而且他又是個「內向的人」，他沒辦法很自然地做到「這樣的事情」。那個瞬間過去了。他的英雄消失在走廊盡頭，接下來的一整天他不斷責備自己不「把握機會去認識他」。幸好，這並不是故事的結局。

隔天早上，這位新朋友在聖地牙哥市區，聖地牙哥灣旁邊的安巴卡德羅公園（Embarcadero Park）裡慢跑。濱海地區的美麗自行車道上，擠滿了慢跑、騎自行車，和走路的人。他戴著耳機、聽著音樂，欣賞四周的景致。突然之間，你猜誰就在他前面的路上？沒錯，約翰・錢伯斯。

錢伯斯一個人，也戴著耳機，而且也在慢跑。我朋友告訴我，他知道這就是機會了，現在或永遠錯過。他說：「我立刻開始擔心我會打擾到他獨處的時間，這樣真的很魯莽，但我發現自己在遲疑，於是開始倒數 5-4-3……」

他加快速度跟上錢伯斯，拍拍他的肩膀，為打擾他而道

歉，然後解釋自己一直以來有多想要當面感謝他，讓他能在思科擁有一份這麼棒的工作。兩個男人停止慢跑，開始一起在安巴卡德羅公園裡散步。

據我的朋友說，錢伯斯是個愉悅又願意交流的人，他們談論了各式各樣的主題：工作、生活，甚至包括我朋友對自己手邊專案的想法。對話結束時，錢伯斯和他握手，謝謝他前來自我介紹，並且給他一位高階主管的名字，是公司裡負責創新部門的人。錢伯斯說：「報我的名字，跟他說我們談過，然後我希望你把你的想法告訴他。」

我的新朋友跟我說這件事時，他臉上閃著可以點亮整間房間的光芒。「這是我職業中的重頭戲，梅爾，而且如果不是 #5SecondRule 五秒法則，這件事根本不會發生，我真的不知道怎麼謝謝你了。」

然後他又說：「噢，我的天，我差點忘了，我現在正在跟錢伯斯介紹我的那個人進行工作面試！」

他有得到那個工作嗎？

我真的不知道，但新工作不是這個故事的重點，這個故事是關於以每天的勇氣行動，以及如何從中建立自信。這單一的經驗就有潛力改變超過一個工作，如果他持續使用五秒法則去聽從並跟隨他的直覺，就非常可能改變他人生中原本的軌道。

他並不一定要遇到執行長才能夠興旺發展，雖然那很酷，但更重要的，當你榮耀你的渴望，掌控自己的人生時，那感覺有多麼棒。

記住，內在的自信是透過每天勇氣的行動而建立的，那才是他體驗會的：知道可以信任自己的喜悅光芒。這位工程師朋友越常用每天的勇氣行動，就會變得對自己越有自信。

記住，自信是由你每天做的小事中，建立對自己的信任，進而發展出來的。

我收到一位男士的訊息，他的名字叫比爾，而他的例子能幫助我說明關於學習信任自己這一點。比爾描述了一種掙扎，那是我們大多數人得鼓起勇氣面對的，這例子很激勵人心。

「我沒有辦法做真正的自己」

比爾的生活從外在看起來非常厲害，他結婚了，有四個很棒的孩子，非常成功的事業，還是專業協會的會長。「很棒的人生吧？」聽起來當然如此，但少了某樣東西，就是他與自己有意義的連結。

比爾有足夠的勇氣承認他「活得很沒有信念」，而且他（就像大多數人一樣）習慣「遲疑、想太多，從來不做或不說我應

該做或說的事」。比爾覺得他好像「失去與其他人建立真實連結的能力」。

他忘記了最重要的一個，就是他自己。當你失去和真實自我的連結時，你會感覺像沒目標的漂流，會失去自信，你的人生也會失去「一致的理念」。

 Bill

謝謝與讚美你有勇氣說出你看到的。我 53 歲，是四個孩子的父親，三個已經長大的女兒，還有一個才 5 歲的幼稚園兒子，是和與第二任太太生的。我是公司的專案經理主管，也是建設部門的經理。我也自願在當地的專案管理協會服務，才剛得到會長的名號。所以很棒吧？

除了我一直沒辦法做真正的自己，我不知道為什麼失去與其他人建立真實連結的能力，臥室裡的生活有點平淡，我苦於不知道自己真正想要什麼，而且我總是習慣遲疑、想太多，從來不做或不說我應該做或說的事。沒有什麼嚴重的事，只是活得很

> 沒有信念，我的人生沒有一致的理念。然
> 後，五秒法則在上個星期六的 PMI 北美領
> 導力學會中，進入了我的生活。

　　你可以使用 #5SecondRule 五秒法則將它取回來。比爾開始使用法則修補他和自己的關係，深入但「一點一點地」開始一趟「一千步的旅程」，督促自己去那些小事情，將「悄悄的」讓你學習信任自己。

> 一點一點地，我開始了一段一千步的旅
> 程。早上起床，出去遛狗，對人誠實但圓
> 融，回報我得到的每一個機會，在工作中
> 做困難的決定，專注於重要的事，有能力
> 在必須拒絕的時候說不，起床出門遛狗。
> 都是很小的步驟，但是非常令人振奮，同
> 時我也悄悄的在學習信任自己。因為我在
> 前進，所以有了很大的不同。

　　好的人生就是由許多小步驟組成的，像「做困難的決定」、「說不的能力」，甚至是「起床出門遛狗」，只因為你說過你

會做。在「學習信任自己」這方面，它們可能是很小的步驟，但卻是你可以戴著自信決定的、最「令人振奮」的行動。

崔絲是一位 48 歲的家庭主婦，覺得她的人生一成不變，直到她發現 #5SecondRule 五秒法則，然後「嘩……就像燈被打開了。」她使用法則去做「大計畫裡面的各種小事情，但它們給我的感覺和提升是非常大的」，像是在教會裡演講，或是把自己的照片放上網。

我們從比爾身上學到的事是：小事其實一點也不小，都是最重要的事，而且會累積。督促自己 5-4-3-2-1 去做那些「小事」，會讓你有自信執行「大計畫」。

大部分的應都是大主題裡面的小事，但給我的感覺和提升是非常大的。

我使用五秒法則完成事情，**否則我可能永遠也不會做。**

我在音樂會上站起來自己跳舞；我跟我很欣賞的作家自拍並且上傳到網路上（我不喜歡自己的照片）；我在教會的聚會中上台說話；我跟我先生說了一件一直讓我很煩擾的事；我向我想認識的人自我介紹；我完成了很多家務事（不像以前那麼會拖延）。

這些事情本身都不是什麼驚天動地的大事，但我憑著梅

爾的五秒法則給自己力量完成。

我現在也嘗試把這項工具使用在我覺得更大的挑戰上，像是減掉我已經背負 25 年的多餘體重，重拾勇氣去參加 30 年的高中同學會，畢竟我胖了那麼多。

我甚至使用五秒法則來寫並提交了我的故事，我也試著跟其他人分享梅爾這五秒法則的資訊，並看到與聽到有些人確實在實行了。我知道自己將會繼續使用這個強大卻又簡單能改變生命的方法。

這是好長一段時間以來第一次，覺得自己開始脫困，擺脫一成不變的生活……我迫不及待想看看接下來還會發生什麼事。

謝謝你。

崔絲

自信的建立，是在你做了一些確認自己能力的事。尤其是那些你平常可能不會做的事，像是準時起床、在教會群眾面前講話，或是在自行車道上追逐思科的執行長。這些就是每天勇氣的行動，能建立自信。

克麗絲朵跟先前那位工程師一樣，參加了思科現場 2015 活動，並且寫了關於 #5SecondRule 五秒法則的訊息給我。她

「發現過去八年來」，她「總是懷疑自己採取的每一個行動」：

> 我覺得某很有趣，但下一秒，我的大腦就會給我一百萬個為什麼不該試著去和他們說話的理由。

她開始運用 5-4-3-2-1，「立刻」和隔壁不認識的人，在休息時間聊起來。隔天，當指導員問有沒有有問題時，她「發現自己確實有疑問，但不好意思開口問……然後想到如果你不停下來思考的話，就一定會站起來發言，所以我就那麼做了。」

使用 #5SecondRule 五秒法則，她站起來問了問題，也因而激勵了另外兩位女性，在滿是男性工程師的房間裡站起來發言。下一步，她 5-4-3-2-1 要自己在很不想去的狀況下，還是去一場籃球比賽，甚至找到勇氣去跟某位副首長要了明暗。在那次活動後，因為這些每天勇氣的行動，她的自信才得以成長，而人生也完全改變了：現在有一份新工作、一個新頭銜和一棟新房子。

〈   julenia1

> 我走進一個滿滿都是人的課堂，尋找我認識的人，想坐在他們旁邊，但又想「嘿，

你在幹嘛，過去找個地方坐下，認識新的人就是了」，所以我照做了。然後當指導員詢問大家有沒有問題時，我發現自己確實有疑問，但是不好意思開口問，尤其是還得站起來發言，然後我又想到如果你不停下來思考的話，就一定會站起來發言，所以我就那麼做了。我站起來，問出我的疑問。

我問完之後，還有另外兩名女性，也在滿是男性工程師的房間裡站起來發言。

這感覺太棒了！後來，有人邀請我去看籃球比賽，一開始聽起來很棒，但我又覺得自己應該在旅館休息。我很開心自己聽從第一個直覺而決定去了，我在那裡碰見思科的副首長，甚至還取得他們的名片！

我聽到你在思科現場演講的那一天，真的讓我改變很多！我有了一份理想薪水的新工作，我有了一個新頭銜（我往上跳了三階！），最後我拿這增加的薪水買了房子，這是我想了好多年的事。我想來跟你說聲謝謝，謝謝你讓我認識了五秒法則，它讓一切都不一樣了！

Nobuo 失去公司執行董事的職位後，開始使用 #5SecondRule 五秒法則，他失去了動力，而且覺得自己「很沒用」。

 Nobuo Kishi

兩年前，我碰巧看見了梅爾‧羅賓斯的 TEDX 演講，聽了梅爾的演講，我察覺這個五秒法則或許可以幫助到我。我失去公司執行董事的職位後，人生就徹底改變了，不只是心理上，財務上也是。我失去了創造新人生的動力，覺得自己很沒用。然而，五秒法則對我幫助很大，我決定把這個法則運用在日常生活中。開始使用法則以後，一點一點的，力量和精力都回到我的心、思想和身體裡。我經常引用並把梅爾的話翻成日文，寫在我的部落格裡。

梅爾，從日出之國度祈禱你成功。

使用法則「一點一點」將每天的勇氣化為實際行動，Nobuo 也跟克麗絲朵一樣，發現「力量和精力都回到我的心、思想和身體裡」。力量會回來，是因為他向自己證明了，他有能力改變生命中的事物。

關於個性和自信，還有一點我想要說明的。記得剛才那位

工程師描述自己第一次看到錢伯斯從走廊上走過去，自己卻僵在原地之後，他說了什麼嗎？他提出了類似這樣的解釋，「我是個內向的人」和「沒辦法很自然地做到這樣的事」。

如果我告訴你，你生活或性格中的一切，都不是固定的，或可以「自然做到」的呢？除非你練習，否則本來就沒什麼能自然做到，這就是為什麼我不斷的說你必須「練習」用每天的勇氣去行動。

你有能力改善、改變或豐富生活中的每個層面，只要透過行動。劍橋大學的心理學家布萊恩・里托（Brian Little）教授，最近剛在 TED Talk 發表非常棒的演說，《你到底是誰？人格特質的謎團》（*Who Are You, Really? The Puzzle of Personality*）。他在演說裡提到外向者與內向者的差別，以及使我們成自己的原因。根據里托教授的說法：「是你做的事，是你個人的目標。」他提到我們的某些特質確實是比較固定與自發的，但大多數都是「自由特質」，我們可以調整它們來達到個人生活中的核心目標。

里托教授解釋自己也是個內向的人（就像那位思科的工程師），然而他的核心、個人的目標是教授學問，他熱愛教學，所以即使身為一個內向的人，站在講台上和學交流時，他還是會「表現出特質以外的模樣」。他怎麼做到的？透過刻意與有

目標的行動，他督促自己那麼做。

那位工程師的個人目標是向錢伯斯表達感激，所以他才會有股直覺，想要「表現出特質以外的模樣」。那他是怎麼督促自己做到的呢？#5SecondRule 五秒法則。在這兩個例子中，都展現出兩件事：有欲望去做某些有意義的事（與學生或執行長交流）和刻意行動（督促自己表現出特質以外的模樣）。

對一個內向者而言，去和執行長說話、在教會群眾面前講話和教導一班學生，感覺會比外向的人去做這些事難嗎？或許會，也或許不會，根據這個人有多少自信而定。而自信，正如你知道的，跟你的個性一點關係也沒有。

就像里托教授很喜歡說的：「**你就跟其他某些人一樣，也跟所有人都不一樣。**」我確實知道的是，你第一次做任何事時，一定會感覺很難，或許還會有點可怕，你會需要一點點勇氣。當這件事符合重要的目標時，我們都有能力「表現出特質以外的模樣」。而我所能想到的最重要目標，就是改善你的人生，讓你更加有活力、快樂、有成就。

你要怎麼「表現出特質以外的模樣」來做到這些呢？你也猜到了吧：你要堅定自己，使用 #5SecondRule 五秒法則，練習以每天的勇氣來行動。這些行動看起來或許不「驚天動地」，但隨著時間過去，它們會瓦解你的自我懷疑。

我們每個人體內都有非常偉大的力量，而法則會幫助我們看見自己有多「嚇人的了不起」，就像安柏發現的自己。

> **_amberoh_**@melrobbinslive 你真是嚇人的了不起，而且因為你，我現在知道我也是。你啟發了吧！我真～的超愛聽你演講！

讓我們回到最初的重點。你越常練習以勇氣去行動，你就會越相信自己有能力掌控人生，結果就是，你會變更加有自信。就算你必須做的事把你嚇得半死，法則會幫助你採取有勇氣的行動。蜜雪兒找到勇氣辭去「有毒、焦慮纏身的工作」，雖然她很「害怕未知」，但她以每天的勇氣採取的行動，使得她「對自己和自己的能力更有自信」。

> 我辭掉有毒、焦慮纏身的工作了，雖然我超害怕即將來臨的未知，但在讀完《不要再說你很好》（*Stop Saying You're Fine*）我從未對自己和自己的能力感到如此有自信。我想要誠摯的謝謝你，督促我追求更好的事物，雖然你並不知道，但你已經改變了我！你最棒！

如同蜜雪兒說的，做讓你害怕的事，其實會使你更有自信。如果你有勇氣採取行動，自信就會跟上。每一次你督促自己在緊張時開口說話、害怕時採取行動，或不想去的時候還是去健身房，你會發現你可以仰賴自己完成任何事，從這種對個人能力的信任中，自信就會流露出來。

傑伊就讀多倫多的一所表演藝術高中，但他「一直為爭取事物而非常緊張」。使用法則後，他去參加更多角色的試鏡，參與更多表演，也「獲得了許多自信」。

Jay

不知道你還記不記得上次我們的談話，那是好一陣子以前的事，我們只是簡短的談論因為五秒法則，你如何激勵了我。我可以告訴你，在接下來使用法則的幾個月裡，它真的開始改變我的人生。我去多倫多的一所表演藝術高中就讀，我超愛它的！每天我都可以和一群很激勵人的老師和導演團隊一起工作。我一直很熱愛表演，我也一直為爭取事物而非常緊張。不過實行五秒法則後，我發現我現在不只參與了更多表演，也獲得了許多自信。我覺得我現在也有熱情去激勵別人了。我想給你看些東西。

你越常使用法則，自信就會成長得越快。史戴西「幾乎每天」使用法則以勇氣行動，並「與人面對面交談」、為她的工作「進行家庭演出」，也「不再因為害怕而躲藏」。把法則用在以每天的勇氣去行動，幫助她「以我一直以為不可能的方式成長了」，她培養出一直想要的自信，這感覺「太驚人了」。

> 你的法則幫助我以不可能的方式成長了。我現在有了自信，這也是我一直以為自己沒辦法，擁有的，而且我讓我的團隊知道，他們也都是有自信的。我再也不拖延……任何事都是，光是這一點，對我而言就是非常驚人的成就了。

整本書裡，你讀到了許多人的故事，他們採取非常簡單的方式，或以看起來很小的步伐在前進，結果整個人生的樣貌都改變了。其實忽視這些故事非常容易，因為以每天早上準時起床這麼簡單的事，就能製造一連串反應，進而增加自信，這聽起來似乎很不合情理。但這確實就是實踐的方法，別再專注於那些大事件，把 5-4-3-2-1-Go！用在最小的事上，然後你就會發現，這些時刻其實並不是那麼微不足道。

就像比爾說的，每天勇氣的行動，像是起床、做困難的決定、有辦法說不、回饋你得到的每次機會，還有專注於重要的

事情，會製造出漣漪效應，改變你的人生。這些是很小的步驟，但回饋卻是你所想要的一切：自信、掌控，還有感覺好得要命的自豪。

說出發自內心的話，
即使你的聲音
在顫抖。

第 16 章
追求熱情

「有個不使用語言的聲音，傾聽。」

——伊斯蘭教波斯詩人 魯米（Rumi）

這些年來，我收到許多關於如何找到熱情和目標的疑問，我不只一次被要求幫助某人「想他們的熱情是什麼」。這是因為尋找你的熱情，是一種行動的過程，而當機會開始出現時，你會發現 #5SecondRule 五秒法則是多麼傑出的工具。阻礙人們找到熱情的，就是他們無法跳脫思想而直接行動。當你使用 #5SecondRule 五秒法則開始 5-4-3-2-1 督促自己開始探索，當機會出現時出手把握，你會很驚訝它將帶你到什麼地方。

開始探索

你要如何開始探索呢？雇用最佳的引導人：你的好奇心。

好奇心，就是直覺在引導你注意心裡真正在乎的事物。如果你無法停止想某件事，就當成你的新嗜好。也可以仔細觀察嫉妒感，如果你發現自己很羨慕嫉妒其他人，探討一下這種感覺。他們的人生裡，你羨慕嫉妒的是哪方面？這可能會給你線索，讓你找到自己真正想要的。

下一步，督促自己採取簡單的步驟，去研究那個主題：閱讀相關資料、看影音教學、跟人討論、上課、寫下計畫。隨著時間過去，發生的事會讓你很訝異。

你的熱情可能是攝影，克里斯四年前第一次發現 #5SecondRule 五秒法則時，他是銀行的資訊長（現在也還是），而他總是熱愛攝影。他使用法則督促自己去探索自己的熱情，結果，在兩度登上雜誌封面，還拿了許多獎項，他現在是專業攝影師了。

Chris Auditore

梅爾‧羅賓斯

星期五在西沃恩（Sewannee）的 Stagger Moon 樂團拍照前，我收到一封電子郵件，來自一位了不起的女性，她叫梅爾‧羅賓斯。梅爾的五秒法則定律帶領我走向四次封面照片、許多獎項，以及被選為最佳攝影師，這只是其中幾個例子。她的法則很簡單，就是如果你有個想法，就在前五秒內付諸行動。很簡單吧？對我們很多人來說卻不是如此，想法經常出現在我們創意的腦袋裡，而我們只是讓它們流逝。大約四年前看到她的 TED Talk 後，我就相信自己可以做到！所以各位先生女士，我在此告訴你們創意真的很不可意思，當腦袋裡跳出一個想法時，寫下來，不然就直接做！真的就是這麼簡單。

也許你有興趣經營食品相關產業，就算你以前從來沒有經驗也沒關係，在今天這個世界有太多相關資源可以供你探索。拿艾瑞克為例，他住在柬埔寨，有個想要做出口生意的念頭，於是他透過看 YouTube 影片和書籍，督促自己去學習各種相關知識。

Eric

我目前住在柬埔寨，已經來這裡將近兩年了。我離婚後就來這裡教英文。以及學習如何滿足於做自己。

最近我非常思念家鄉，但我的心告訴我，如果我回到喬治亞州亞特蘭大（我就是那裡人），我會後悔。

我有個想法，想要開始做生意，從這裡出口一些稀有的、美國買不到的食物，而且是我真心想要把這個可愛國家的絕佳食材，跟在美國的人分享。我有個很棒的朋友，在亞特蘭大經營一間食品批發公司，販賣許多類似的利基商品。

我有產品、我有經銷這些產品的管道，但是我完全不知道怎麼開始經營自己的事業。自從我看了你的 TED 演說，我買了《開始你的進出口事業》的書，也已經看了一半，外加許多 YouTube 影片。

 這是我生平第一次，把充滿熱情的想法變成我自己的事業。

這就是你如何「發掘」熱情，你 5-4-3-2-1 去探索，直到你碰上它為止。

建立動能

一開始只是一個直覺而已，都是這樣的。首先，你去上一堂課，一堂課帶出一張證書，一張證書帶出一些對話，對話帶出機會，小機會帶出更大的機會。或許你會想要把你學到的東西，跟你工作中的人分享，所以你使用法則督促自己去做，這就是動能開始的時刻。

當事情真的開始發生時，你會咒罵我，但你會感謝自己鼓起勇氣相信你的心，探索你覺得很迷人的事。倫敦的銀行行員喬，就是絕佳的例子，說明很小的事情，像是去上一堂課，可能演變為非常驚人的全新的事業。這則故事是個難以置信的例子，告訴你動能怎麼從很小的事開始建立，來看看吧：

Joanne McLellan

我懷著有限的信心做了一次報告，在我們這個八人團隊開會時，向他們介紹我們的「世界地圖」。我很緊張，但我還是做了，因為我最近拿到 NLP（身心語言程式學）執行師的資格證照，想要跟他們分享我學到的東西。報告結束之後，我的大腦裡突然跑出一個聲音說「這就是你應該做的，你應該以這個為職業。」

我目前在銀行工作，我是個銀行行員。做完演講後我覺得有點激動，其他人給我的回饋也讓我覺得非常棒，言詞難以形容。我鼓起勇氣，決定要將五秒法則付諸行動，所以我走到電腦前，寫了一封電子郵件到英國「突破」大型女性網站〔由勞合銀行集團（Lloyds Banking Group）管理，也就是我任職的銀行〕，去提供我的服務。（我覺得那天早上我還有貼在你的臉書頁面上，在某個「今天的五秒法則行動」主題底下！長話短說，他們回應了，說很歡迎我去他們的蘇格蘭分部演講。快轉幾個星期，到上個星期二，那天我非常緊張，而且說實話，我還咒罵你和五秒法

則，因為我真的嚇壞了，不過我完成了那次演講，而且你知道怎樣嗎？我表現之好，居然有一串這次沒辦法參加到的等待名單（因為第一場報名時間截止，報名專線已經關起來，然後許多人口耳相傳說這演講有多好），所以他們邀請我再去講第二場！我也被很多人詢問到工作問題，希望我幫助他們解決信心不足的問題，讓他們更有能力達到目標或成果！這一切的發生都是因為五秒法則和寄了一封電子郵件！噢我應該也要提一下，我在演講結束時，有人問到啟發我的書籍，所以我推薦《不要再說你很好》，這是我最喜歡的書籍。：P

這真的有效，我要告訴所有人，就去嘗試吧，看看它會帶他們到哪裡，或許正是他們想要去的地方。：P

喬

銀行業者與教練（我猜是吧）

當你的探索引發動能之後，你會移動到下一個階段：實際開始全力追求你的熱情。到某個階段時，攝影這個副業會變成

你真正的事業，你在蘇格蘭銀行的報告會成為蓬勃發展的演說事業。

承諾的勇氣

什麼時候要扣下扳機，把你有熱情的目標轉變為受熱情驅使的事業，或是要開始大幅改變人生，並沒有神奇的公式。這需要計畫，以及一些緩慢、深入的思考。如果你跟大多數人一樣，你會先折磨自己好一陣子，直到你無法忍受現在的人生和未來的人生有分歧為止。

米哈爾有個強烈的熱情，她想要將它變為一間公司，而且「想這麼做好多年了，但一直只是壓抑著」。她 5-4-3-2-1 督促自己「宣布我的新事業現在開始」。現在，她有理由不再「按下貪睡鍵」了。

Michal Lowthorpe

我今天使用了五秒法則宣布我的新事業，馬與騎士肖像畫，現在開始。我一直想這麼做好多年了，但一直只是壓抑著。我等不及了，現在我有一件讓我不再按下貪睡鍵的事情！謝謝你，梅爾

　　我們都值得充滿期待的醒來，一點也不想再「按下貪睡鍵」，就像米哈爾這樣。如果你正在考慮像她一樣大膽行動，確認你是怎麼問自己這個問題的。

　　你必須問自己這個「心優先」的問題：「**我準備好承諾要這麼做了嗎？**」而不是「感覺優先」的問題：「**我覺得自己準備好承諾要這麼做了嗎？**」你永遠不會**覺得**準備好的。在你對「**我準備好承諾要這麼做了嗎？**」這個問題說「是」的瞬間，你就會需要使用法則，來給自己最後一股推力。

　　就算你準備好了，當你開始做的時候，也不會**感覺**很好。問問澳洲的陶德就知道，陶德長期以來一直都知道他的熱情所在：體育教學。他一直夢想教體育，也擁有自己的個人訓練事業。還在念高中時，陶德就知道他想要去拿體育教學的學位，但他的父母說：「噢不，你不能那麼做……」他們說服他去追求一個「專業的」學位。

　　四年後，陶德是法律與商業雙主修學程的高年級生，但他的心從來不在那裡。就像陶德在信中描述的，那個「小小的聲音」一直在他腦中「靜靜地」迴響著。那他為什麼要繼續待在那個科系呢？很簡單：他的感覺。讓父母失望的想法讓他難以承受。每一天，他都在考慮退學，然後去另一間學校念體育教學，但他動彈不得。走進註冊辦公室填寫表格很容易，但面對

父母的失望是會讓人崩潰的。

將近四年時間，陶德都想要退學，但他不知道**如何**面對他的恐懼和父母。最後他做到的方法，就是 #5SecondRule 五秒法則。當時陶德坐在法律 LAWS5513 的課堂上高等稅務法，突然他發現自己「準備好了」。

陶德是這樣說的：

「我可以向你證明我有多不喜歡那樣的課程，從開始的那瞬間我就想要退學。但或許，在這整個情況中，最令我煩擾的，就是我居然真的讓自己念這個科系到最後一年，才終於決定我要徹徹底底終止繼續痛恨我的人生！」

陶德可以預見未來會發生什麼事：

「我父母會送我繼續去念碩士，然後我也會去，過著那種人生……為了所有人，除了我自己！」

他描述那個行動的直覺，以及令它實現的五秒決定。

「就開始。我必須退學。我把書收起來，課才上到一半，我就站起來走掉了。」

他的身體在顫抖，但他在移動，直接走向註冊辦公室，他

就在那裡申請退學，然後坐上車，往南開了兩個小時到布里斯本（Brisbane）的昆士蘭科技大學（The Queensland University of Technology），申請了他夢想中的科系。

那個命運的星期二早晨，已經是兩年前的事了。陶德現在24歲，教學科系正念到一半，而他「人生中從未有過這麼多樂趣」。他申請下個年度的榮譽教學學程通過了，而他這樣說：

「我找到了我的目標……這正是我一直想要做的事。」

至於他的父母，沒錯，他一開始告訴他們他不想當律師時，他們的確很失望，但他們更失望的是，陶德竟然這麼久以來都不敢告訴他們，過得這麼不快樂。

抱持信念

我相信只要你聽從你的心、去做該做的事，並丟棄你的時程表，你就能讓所有事情成真。我最喜歡的一本書就是全球暢銷書《牧羊少年奇幻之旅》（The Alchemist），這是有史以來最暢銷書籍中的其中一本，被翻譯成 180 種語言。我推薦這本書超過十年了，而且在寫這本書的過程中，我又買了一本新的來激勵自己，提醒自己「當你真心渴望某件事，整個宇宙都

會聯合起來幫助你完成」。

當我翻二十五週年紀念版時，這本書前言的故事讓我非常吃驚，我不知道《牧羊少年奇幻之旅》第一次在巴西出版時，失敗了，非常慘烈。

「當《牧羊少年奇幻之旅》二十五年第一次於在我的家鄉巴西出版時，沒有人注意。巴西東北邊的一個書商告訴我，這本書上架的第一個星期，只有一個人買了一本。又過了六個月，書商才又賣出了第二本，而且還是買第一本的那個人買的！天知道還要多久才能賣出第三本。

年底時，每個人都看出《牧羊少年奇幻之旅》賣不起來了。我原先的出版商決定將我釋出，取消合約。他們把這個案子脫手，讓我帶著書離開。我 41 歲，陷入絕望。

但我從來沒有對這本書失去信念，或是對自己的視野有任何動搖。為什麼呢？因為我就在那裡面，我的心和靈魂，都在裡面。我就是那個比喻中的我，一個男人，踏上一段旅程，夢想著有個美麗或魔法之地，去找尋某些未知的寶藏。在他旅程的最後，那個男人發現原來從頭到尾，寶藏都在他心裡。」

　　41 歲又陷入絕望？我讀到這一句時，都起雞皮疙瘩了。我發現 #5SecondRule 五秒法則的時候就是那個年紀，也就是那種心情。我理解到，發掘與表現出你的能力，是沒有保存期限的，而且正如科爾賀寫在前言裡的，你從相信自己開始，那種相信會生根成勇氣，督促你繼續前進。

　　「我在跟著自己的個人傳奇走，而我的寶藏就是寫作的能力，我想要把這個寶藏跟全世界分享。我開始去敲其他出版商的門，其中一間為我開門了，而且裡面的出版商相信我和我的書，同意給《牧羊少年奇幻之旅》第二次機會。慢慢的，透過口耳相傳，它終於開始銷售——三千本，然後五千本、一萬本，一本接著一本，持續賣了一整年。」

　　這本書成為一股有生命力的現象，剩下的就是歷史了，它被認為是二十世紀十大好書之一。當訪問者詢問科爾賀知不知道這本書會如此成功時，科爾賀的回答是這樣：

　　「答案是不，完全不知道，怎麼可能會知道呢？我坐下來寫《牧羊少年奇幻之旅》的時候，唯一知道的就是我想要寫出自己的靈魂，我想要寫出自己對找到寶藏的渴求。」

　　答案就在你的心裡，如果你有勇氣去傾聽。你就跟其他人一樣，卻也跟所有人都不一樣，你有非常厲害的東西可以跟全世界分享，就從傾聽你心裡的聲音開始，以勇氣走上它帶你去的地方來完成。

　　跟從它吧。

別跟別人訴說
你的夢想是什麼，

做給他們看。

第 17 章
豐富你的人際關係

「勇氣的行動通常都是愛的行動。」
——《牧羊少年奇幻之旅》作者保羅·科爾賀

想要改善任何人際關係，你需要的建議只有三個字。

▌說出來

我在佛羅里達一間零售經紀公司的銷售會議上演講，結束之後，有位叫唐的高大男子過來找我。他五十幾接近 60 歲，蓄著鬍子，格子襯衫外面套著運動外套，他說想要和我分享一些關於「五秒法則」的事。

唐「有他自己版本的法則，也已經改變了他的人生」，他「幾年前做了一個決定，所有重要的話都要說出口」。

接著他分享了他的經驗，關於如何跟從直覺去行動，要自己跟女兒說些事情，因此完全改變了他們之間的關係。這些年來，他女兒恩珀和她的先生，一直收容幾個正經歷困頓時期的家庭成員，他們也每個星期在社區擔任志工，還參與過好幾次志工服務旅行。

唐告訴他們，他很欣賞他們，欣賞他們的生活方式，以及他們的生活對這個世界樹立的典範。他還說恩珀這位年輕女性現在成為的模樣，讓他覺得很自豪。然後他告訴我：「就在我準備說這些話之前，我非常害怕。想像一下，我很害怕說某些話，因為我怕展現出太多感情。」

他說這場對話結束之後，他和女兒的關係就再也不一樣了，他們現在的更加親密，超過他所能想像的程度，而這個經驗啟發他實踐這項法則：**所有重要的話都要說出口。**

親密是需要勇氣的。冒著流露出太多情緒或讓某人不開心的風險，表達出你的想法，真的很可怕，但結果會非常神奇。我也體驗過這樣的神奇，就在去年秋天跟我爸的一次簡單對話中，那時我剛結束邁阿密的一場演講，搭車前往機場途中，我看到我爸傳來的簡訊：「盡快打電話給我。」

這太詭異了，我心想。我打回家，是我媽接的電話。

「嗨，媽，我剛收到爸傳來的簡訊，叫我打電話回來，一

切都還好嗎？」

「你應該跟他講，我去叫他過來……」

我還在試著要留住她，她已經把電話放下。

「等一下，媽！到底發生什麼事？」

我聽見她打開廚房門的嘎吱聲，然後對我爸大喊：「鮑伯！梅爾打電話來！」

我完全不知道發生了什麼事。一開始，我覺得我有麻煩了，我坐在計程車後座，感覺就像個即將被禁足的十歲小孩。你的大腦這麼快就可以讓你產生不對勁的混亂感覺，是不是很驚人？

不確定的感覺誘發了我擔憂的習慣，現在我已經在心理的「萬一迴圈」裡：奶奶過世了嗎？我做錯什麼了嗎？他是不是有財務上的問題？不，一定是我，我到底做了什麼？

你有看出發生什麼事了嗎？不確定的感覺誘發了我擔憂的習慣，在不到五秒的時間裡，我已經在跟自己說奶奶過世、我犯了什麼天大的錯誤，我爸對我非常失望，或是我即將惹上大麻煩了。

我聽見後門打開，他走進廚房的聲音。他拿起電話，一副什麼事情都沒有的感覺：「嘿，梅爾，謝謝你打電話來，你現在在哪裡啊？」

　　我就在電話另一頭發狂。

　　「我在邁阿密，要去機場的途中，你的簡訊嚇死我了，我做錯什麼事了嗎？」

　　他笑起來，然後說：「沒有，不是你，梅爾，是我。在我確定之前，我不想告訴你和你哥。」

　　我嚇得手機差點掉下去：「你會死嗎？噢我的天哪，你有癌症。」

　　他打斷我的話：「你可以讓我說話嗎？我沒有癌症。我有動脈瘤，需要在它殺了我以前，動開腦手術移除它。」

　　他繼續解釋整件事的來龍去脈，他在打高爾夫球的時候，突然一陣眩暈，就倒下去了。於是他做了 MRI（核磁共振造影），才發現動脈瘤。他們是意外發現的，而他這個週末就要去密西根大學動手術。

　　我呆坐在電話的另一頭。我的公公死於食道癌，聽到我爸這件事的幾秒鐘內，我立刻想起我公公手術的那天。就只是一瞬間而已。在曼哈頓的史隆・凱特琳癌症紀念中心（Memorial Sloan Kettering），護士推著他要去進行手術，就在他們推著他要穿過彈簧推門前，他回頭看我們所有人。

　　他微笑，對我們稍微揮揮手，我們也全都微笑向他揮手，

我記得，我還對他比了個「讚」，我記得那個瞬間，感覺到恐懼的痛苦。接著他消失在門的那一邊。我們不知道他的手術會出可怕的差錯，併發症最後奪去了他的生命。

我的思緒回到當下，在計程車的後座，聽我爸說話。我看到我爸在醫院走廊上對我們揮手說再見，我非常害怕。我不知道為什麼，但我真的想要知道我爸是不是也很害怕。我有種要問他的直覺，但立刻遲疑了。我開始想：

「不要問那個，那會讓他不開心。他當然會害怕啊，你這白癡，保持光明和積極，不要給他壓力，那個動脈瘤可能會爆開的。」**那就是推一把的時刻，所有重要的話都要說出口。**

5……4……3……2……1！

「爸，你會害怕嗎？」

電話那頭一陣沉默，我開始後悔問了那個問題。我完全沒預料到會聽見他接下來說的：

「我不害怕，我會緊張，但我很信任那個手術，你知道的，梅爾，我其實覺得滿幸運的。」

「幸運？」我可沒料到會聽到這種話。

「是啊，我有機會在它殺掉我之前，嘗試去修補這問

題。而且到最後如果發生了什麼事，我也沒有後悔。看著我媽在我爸中風之後照顧他，還有看著蘇西死於漸凍症（ALS，肌萎縮性脊髓側索硬化症）真的很可怕。生活的品質對我而言很重要，而我最在乎的就是自己的生活品質。小時候，我就一直想要當醫生，後來也當上了。你媽和我一起擁有很美好的生活，你和你弟弟長大成人。我基本上已經把這輩子想做的都做完了，而那就是一個人所能要求的全部了……那些，還有多一點享受的時間。」

那是我和我爸這輩子以來共度最美好的一刻，如果沒有 #5SecondRule 五秒法則，我絕對不會鼓起勇氣去問那個問題。我就這樣坐在計程車後座，感受那當下的一切。然後他又補充了這幾句：

「其實，我還有一件想做的事情。我想去看看非洲，如果我可以活到 90 歲，我想要像老布希 90 歲生日時一樣（George H. Bush），從飛機上跳下來。」

我笑起來：「你會的，爸，你會的。」

跟我爸的對話讓我想起了某些重要的事，等待正確的時機去好好處理你的人際關係，是傻瓜才幹的事。去進行一段對話、

詢問讓人不舒服的問題、說「我愛你」，或是把握時間真心傾聽，才沒有什麼正確的時機，就只有現在。

有時候你必須問的，不只是一個讓人不舒服的問題，而是要終結你們之間的沉默。康妮和爸爸之間的關係已經冷漠「好多年了」，但她一直想要去賠罪。她沒有像過去那樣「暈倒或想太多」，反而是使用 #5SecondRule 五秒法則信任自己的直覺，就拿起電話打給她爸爸。她只是「大聲說出 5-4-3-2-1，按下電話就做到了」。

改變你的人生只需要五秒鐘。

梅爾，

我必須跟你說，我一個月以前聽了你在鹽湖城（Salt Lake City）的演講，滿腔熱血的回家。我確實使用它來跟我爸賠罪了。自從我放棄那些事，繼續過自己的生活，已經好多年了，而我真的就坐在我未婚夫的房間裡，大聲說出 5-4-3-2-1，按下電話就做到了，而且我沒有像以前那樣暈倒或想太多。所以謝謝你，不只幫助我的事業，也幫助了私人領域。每天早上我都使用法則讓自己起床、出去慢跑。謝謝你。

康妮

逃避是麥可在婚姻中一直做的事情，直到他找到勇氣 5-4-3-2-1，「對自己更加誠實」：

「我再次跟我太太談論我本來打算一直忽視的事情（又不是說我一直把頭埋在沙裡還什麼的，這些問題就會自己消失）。而且我對自己更加誠實了，最重要的，我很喜歡這種感覺。我也許並不完美，但我值得。我很意外這種感覺居然這麼好──我值得的感覺。」

──麥可

麥可剛剛說出了一個非常重要的祕密。想要覺得自己值得，你必須先讓你的直覺值得受到你的注意和努力。而安東尼很意外像是有勇氣「靠近我通常會害羞避開的事」，「這麼簡單的事」居然可以對他的婚姻創造出如此「巨大的改變」，幫助他「和我太太更加親近」，滿足了他的需要。

「這麼簡單的事，居然可以創造出如此巨大的改變，這真的太令我驚訝了。我以前都覺得別人會知道我的需要，當事物不符合我的需要時，我就會帶著怨恨，大部分都是對我太太。我以為所有太太都會讀心術，想想我有多驚訝。

但使用法則，就只是單純的靠近我通常會害羞避開的
事，我已經在人生的好幾個領域中得到長足的進步，打這些
字的時候我還微笑著。我和太太更加親近，我的需要也開始
獲得滿足，我不知道原來沉默會是個問題。」

——安東尼

安東尼說他「不知道原來沉默會是個問題」。沉默永遠都
是個問題，決定不要說出你的感覺，會在你（心裡面）真正相
信的事物，和你當下實際做出的事情之間，製造出研究人員所
謂的「認知失調」。這些問題會累積，隨著時間過去，就會破
壞你的人際關係。

這就是艾絲黛兒碰到的狀況，在她形容是「一個普通的時
刻」，和她先生一場非常愚蠢的爭吵，就像「在沉默的樹林中
折斷一根樹枝」（壓垮駱駝的最後一根稻草），而她的反應很
直接，「我跟他說要離婚」，她是這樣說的：

「我的思緒突然像水晶般透澈，我使用 #5SecondRule
五秒法則說出口。現在是我的選擇，要做呢，還是任憑我的
大腦『踩下緊急煞車』。我在那個瞬間做出選擇，行動。我
跟他說要離婚。回想起來，這個決定帶領我的生活往我知道

310 | 5秒法則 The 5 Second Rule

我一直想去的方向走，但我總是一直壓抑自己。

　　這並不是說這麼做很容易，這絕對是很不容易的，但我從未有一秒懷疑過自己的決定。在那個純粹行動的瞬間，那個真正選擇我知道是正確的、也是真實自我想要的事物，然後去行動的瞬間，我找到了自己。當然會有一些黑暗，有時也很寂寞的時刻，但令我驚訝的是，就算在那些時刻，我也未曾後悔離婚的決定。

　　我們一天裡面都會有許多行動或選擇的時刻，有時候我們會壓抑自己，選擇小心翼翼、不要行動、不要冒險。而我選擇行動。就在這些時刻裡，我會覺得最有活力，我已經找到我的靈魂伴侶，更重要的，我找到了真實的自己。」

　　── 艾絲黛兒

　　我從一開始就說過，法則很簡單，但我從來沒說過「說出口」會很簡單。坦承，就是兩個人之間最短的距離，而且非常能夠拯救你們的關係。沉默製造距離，坦承製造真正的連結，就像娜塔莎發現的。

　　娜塔莎在母親突然因病過世後，「被生活的各種事情搞到無法負荷」，她的樂觀「蒸發了」，而她對未來「只看到更多負面的事情」。她很擔心她和男友之間的關係，就使用法則

5-4-3-2-1，「說出真心話」，說出她真實的感受，就是擔心他們的關係「無法持續」。她說出真正的感覺是什麼，而結果非常美妙，他們的關係不但沒有瓦解，坦承還讓他們更親密，他們現在訂婚了。

第一件其實是小事情，我一天工作 10 小時，到星期四的時候，我通常都已經累垮了。我使用五秒法則給自己力量去做家事，雖然我真的只想要癱在沙發上！我有一股想把洗碗機清空的衝動，我倒數 5，起身，動手做，然後就完成了！

第二件就比較大，而且也跟你的第一本書有關。我媽媽因為癌症突然過世的那一年年初，我真的非常難熬，我一直被生活的各種事情搞到無法負荷，一貫的樂觀也蒸發了，結果就是我三年的交往關係面臨危機。我每天都很焦慮，擔心有不好的事情發生，我也很擔心這段關係無法持續，因為我看不到未來有任何希望，只看到更多負面的事情。到了 2016 年 6 月，我了解自己一點也不好之後，我使用五秒法則針對我們的關係開始了一場對話。我解釋我的感覺，以及我有多希望事物能好轉，但是我就是不知道怎麼修補。我的伴侶很有耐心的傾聽，我們花了一些時間討論與交流，最後是去找關係的諮商師尋求幫助，讓我們得到新的觀點。我們發現兩個人起經歷了多

少事，身為一對情侶，我們的適應性有多高，還有我根本不需要害怕我們間的連結會斷掉。過去兩個月裡，我們滋養了這段關係，我現在已經沒有恐懼了，我對我們的連結很有信心！這一點，在週末我男友跟我求婚時，又更加強化了！我當然說好，而且我從來沒有這麼快樂過！我不知道最初那段對話會有怎麼樣的結果，但我當時知道，我必須說真心話，再看看會發生什麼事。這個結果真的太美妙了！而且我真的很感激我沒讓恐懼癱瘓自己。

謝謝你的閱讀！

由於日子過得飛快，我們經常忘記珍惜人際關係中，那些極微小的瞬間裡，所蘊藏的深厚力量。我最近遇見某件事，提醒了我，慢下來、處在當下、「說出口」，還有當你的心跟你說話時，就要仔細傾聽的重要性

有位男士在聽完我的演講後，傳臉書訊息給我，請我去看看他們家一位朋友的紀念專頁，他這位朋友的名字是喬許・伍德羅夫（Josh Woodruff）。而他認為喬許是那種將生活過得極度充實的人，具體實現了 #5SecondRule 五秒法則。

我順著直覺，點擊臉書這個紀念專頁的連結，我看到的第一樣東西，是一位叫瑪麗的女性留的貼文，這是一則美好的貼

文，關於我們人生中都想要的親密與連結，但我們卻總是因為最愚蠢的理由，而壓抑著不去接近。喬許過世於紐奧良一場肇事逃逸的車禍，而在事發前一個星期，瑪麗在雜貨店看到他，但是「沒有跟他說任何話」。我讓她來告訴你這個故事：

 Mary Tacy Bazis

喬許和我的兒子傑拉從二年級開始就是朋友。我們把伍德羅夫一家人視為最親近也最欣賞的朋友。

喬許過世前一個星期，我兩度在雜貨店裡看到他。第一次，他在滿遠的地方，我心想「噢，是喬許耶，他一定是回家過聖誕節」，但我沒有跟他說話，因為我不想穿越整間店走過去。同一個星期，我又再次看到他，這次帶著大大的微笑，拿下帽子在跟某個人說話。他這一次近多了，而我還是沒有說什麼，因為我很趕時間，匆匆忙忙的，沒有化妝也穿著隨便，只希望自己不要遇到任何認識的人。我又想「真奇怪，我居然會一個星期見到他兩次」，所以我為他的家人和他們的聖誕節禱告。

我聽到他過世的消息時，真的很難過當時沒有過去和他說話，我不知道那竟然會是最後一次。但我對他的最後一個印象，是個燦爛到可以點亮這世界的微笑。上個星期，我在目標商場（Target）看到一個朋友珍

> 妮，站在滿遠的地方。我開始要往門外走的時候，想
> 起了喬許，當時我趕時間，也沒有任何要停下來說話
> 的理由，但我又再次想到喬許。我回過頭，朝走道的
> 那頭走過去，「嘿珍妮！……」

　　瑪麗的貼文對所有人都是很重要的提醒，有時候，不會再
有下一次。當你的心說話了，就說出口。我聯絡上喬許的媽媽
凱倫，她也跟我分享了一個關於喬許的故事。

　　「喬許從不害怕其他人的情緒。他還是個青少年的時
候，我媽媽被診斷出癌症，我知道我們會失去她。有一天，
我一個人坐在起居室裡想事情、哭泣，喬許走進來，問我發
生了什麼事，然後「眼神鎖定」在我臉上，他沒有別過視線
或坐立不安，就只是坐在那裡，聽我說話。從那天開始，我
們的關係從單純的母子，變成有點像朋友的關係，因為他會
花時間傾聽我像個普通人一樣說話。」

　　我很遺憾自己從來沒機會認識喬許，他聽起來是個非常了
不起的人。就像凱倫形容的，「喬許就是行動的代表，他有
清楚的意圖，並且實踐它們。他過世之後，我們說他的人生

是毫無遲疑的。」

　　她寫給我的郵件最後，附上了一則喬許在元旦前一夜傳給她和她先生的訊息，就在他過世前的幾個小時。就如同凱倫說的：「他想到，他就傳了，我們這一輩子都會珍惜這則訊息。」

喬許

在這一夜開始之前，我只想跟你們說新年快樂，我真的感激你們到荒謬的地步！非常期待看看 2016 會帶給我們什麼！

新年快樂！我們也非常感激有你，還有你帶給我們和整個家庭的一切。今晚注意安全（我必須這麼說，我才是媽媽 :-)）

所有重要的話都要說出口。

5-4-3-2-1，去說出來吧！

我們所有的夢想
都可以實現，

只要我們有勇氣
去追求。

──華德·迪士尼（**Walt Disney**）

結語
你真正的力量

> 「你一直都有那種力量，
> 親愛的，你只是必須為自己去學習。」
>
> ——《綠野仙蹤》好女巫格林達

今天，將會發生一些不可思議的事。

一位女性會辭掉她的工作，因為她真的很討厭它。她很害怕，但她還是會去做。有個男人會取消他的婚禮，明知他將會被憎恨。一位 56 歲的獸醫即將開始她的第一個生意；一個 app 設計者將要推出她的第一個產品，還有一個 15 歲的青少年要開始寫他的第一本書。

有個銀行員將要申請她一直夢寐以求的執行階層職位，她並未 100％符合標準，但她不會讓這件事阻止她以堅強的意志，完成她想做的事。有個在酒吧裡的男士，將會離開朋友旁邊的安全範圍，穿過整個房間去接近一位有魅力的女性。一開始，

他會覺得好像快死了一樣，但事情將會發展得比他預期還好。

他們知道自己可能失敗，甚至到一敗塗地的程度，但他們還是去做，督促自己向前，儘管感覺一直在尖叫「不要！」他們覺得害怕，但仍在移動。

問題是，為什麼？答案很簡單：他們知道偉大的祕密。當你的心說話時，榮耀它，5-4-3-2-1，行動。他們也知道另一種可能，而且那非常可怕：失去所有你本來可以成為的一切。以自動導航過活，直接略過你生命原本提供的所有神奇、機會和喜悅。而最大的風險是什麼？在你還沒確實督促自己活著前，就逐漸凋零了。

加州的丹不會讓這種事發生，他剛申請了夏季金融課程。即將成為 #44yearoldfreshman （44 歲的新鮮人）非常嚇人，但他還是做了，因為「永遠不算太老」就是偉大的意義。

 Dan Francis

@melrobbins 去你的 #5SecondRule 五秒法則，我已經申請夏季課程了。

#44yearoldfreshman （44 歲的新鮮人）#nevertooold（永遠不算太老）#business （商業）#finance （金融）

在夏威夷檀香山，雪莉正在督促自己，失去丈夫之後重新活起來。過去四年來，她讓太多「五秒的空檔被浪費掉了」。現在，她正在練習每天的勇氣，她已經從一些小事開始：再次開始走路。這個改變，開啟了已經關閉四年的門。

只是想要讓你知道，你激勵我再次開始走路了。這是在威基基盡頭的一個公園。謝謝你，梅爾。阿囉哈

在加州聖塔莫尼卡（Santa Monica），茱利使用 #5SecondRule 五秒法則督促自己去打一通讓她很緊張的電話，並得到兩樣東西：對自己更大的自信，和幫助治療胰臟癌的 5,000 美元。

Julie Weiss
茱利・威斯

@melrobbins 謝謝你，這場對抗 #pancreaticcancer（胰臟癌）的募款活動，就是因為 #5SecondRule 五秒法則而起的。

在印度新德里，普吉正在冒著「非常多風險」，使用 #5SecondRule 五秒法則幫助他以很多「驚人的」方式成長。由於法則，他現在對自己所做的事，總是「盡我所能去嘗試」。而且他還有一個建議要給丹，那位 44 歲的新鮮人：繼續推進。普吉知道每天勇氣的力量，因為他才剛拿到大學學位。

 Pulkit

嗨，梅爾！ 你的五秒法則真的幫助我很多，無論在我私人還是專業的領域。透過冒那些小小的風險，透過反覆灌輸，去執行，效果非常驚人。我以前是個內向的人，現在我也取得平衡了。是的，我喜歡說話 如果不是五秒法則，我絕對不可能達到這一切。我在生活中已經冒了非常多風險，而它只是讓我更加成長，使用五秒法則，總是盡我所能去嘗試。結果總是非常驚人 我剛完成我的大學學位。

在一整個星期的高壓工作後，凱瑟林只想要「懶洋洋攤在那，感受一杯我應得的好酒帶來的酥茫感」，但她 5-4-3-2-1 開車經過了酒吧那些熟悉的車輛，那趟回家路程真的是「緊張

得要命」，但在那瞬間她贏了。就如凱瑟林說的，「儘管那段路很短，但感覺就像勝利了」。它的確是勝利。

 Kathleen

親愛的梅爾·羅賓斯

這個星期五開車回家的途中，我滿腦子想的都是五秒法則，和你必須把自己「推出」某些情境，才能夠脫困。我的通勤時間很長，所以我有充分時間可以思考。我工作的那個產業壓力非常大，非常重視截止時間，所以我的工作時間被擠壓得不像樣。今天下午的收工時間是兩點，所以在這樣的星期五，週末之前，我通常都會到當地的酒吧去找朋友，喝個幾杯、說說別人長短、哀嚎這星期有多辛苦之類的。最近我有種感覺，每星期這個道人長短的時間，除了是讓大腦麻木的藉口外，一點意義也沒有。我覺得我在逃避人生，躲在龐貝藍鑽特級琴酒後面（雖然很美味而酒神的甘露真不是個玩躲貓貓的好地方）。當我從那個通常會帶我到酒吧的交流道開出去時，我開始笑，原來這就是推自己穿過這一切的感覺，而且不，我一點也不想這樣做，我 100％了解你說的了。我一點也不想要回家，去檢視我的財務狀況，處理我那種我才不在乎我的人生要怎麼過的態度，我想要懶洋洋攤在那，感受一杯

我應得的好酒帶來的酥茫感，不要去處理……但我做了，我看到停車場裡所有熟悉的車子，而我開過去，相信我，那段路我真的是緊張得要命。

儘管那段路很短，但感覺就像勝利了。我回到家，打開電腦，看看自己的財務狀況，做一張地圖。就跟你一樣，我是個跑者，我在訓練超級馬拉松的時候受傷了，那可怕的阿基里斯腱。我不再去訓練，我恨健身房……恨它，但決定一次一點點的回去運動（我還是恨它）。決定要重新開始活動後，我在當地的論壇問跑步的網友們，請他們幫忙推薦醫生。看過現在這位專科醫師後，她告訴我我的阿基里斯腱問題是「可以修復的」，我應該可以在 2017 年春天就再次參加比賽。

這封電子郵件也是五秒法則的一部分，我不知道你會不會看見，但我寫了也寄了。

祝你有個美好的週末假期。

謝謝你的分享。我的五秒決定……我現在要搬去法國了。

凱莉

在明尼蘇達，凱莉在夢想多年後，終於做了一個「心優先」的五秒決定，她要搬到法國。既然已經決定，恐懼也就消失了，就像羅莎‧帕克斯說的那樣，而她將把大腦用來計畫細節，而

不是任由恐懼牽絆她。

在英國倫敦，史帝夫深受 PDST（創傷後壓力症候群）折磨，當他在搭渡輪時，考慮要結束自己的生命。他的直覺告訴他去尋求幫助，而 #5SecondRule 五秒法則「突然出現」，他從欄杆旁離開，走向一位在渡輪上工作的服務人員。他在人生最低落的那個瞬間，承認自己已經迷失在憂鬱之中，但就在不到五秒的時間內，他 5-4-3-2-1，找到勇氣救了自己一命。

 Steve

@melrobbins 今天你救了我一命，我已經準備要自殺了，本來要從渡輪上跳下去。五秒，你突然出現。謝謝你。

 梅爾・羅賓斯

史帝夫 @montgomerysms 我們能做什麼幫助你得到協助呢？請來信至 hello@melrobbins.com 。我們就在這裡等你。

 Steve

@melrobbins 現在已經得到幫助了

最後，詹姆士……

史帝夫的故事，詹姆士也「感同身受」。詹姆士一年前剛失去他的弟弟，是自殺。就如詹姆士寫的：「我希望我弟弟花五秒想一想，我永遠也不能改變那件事了，但我還能改變自己。」使用 #5SecondRule 五秒法則，他找到自己最需要的勇氣，覺醒並重新活著。「是我繼續往前進的時候了，回到我的熱情，回去跑步。」詹姆士做了個五秒的決定，他要去跑 100 英里（約16 公里）的超級馬拉松，5-4-3-2-1，紀念他的弟弟派翠克。

 James

非常感謝你，對我來說這是研討會的重重頭戲。我弟弟在 2015 年 8 月 6 日自殺，失去他之前，我完成了18 次半馬和兩次全馬。他過世之後，我再也沒辦法跑步了。跑步是我遠離生活的時刻，是反映與思考的時間，但我再也不想要跑步了？

你講到那個軍人想要從橋上跳下去，但是 5-4-3-2-1繼續前進的故事，那故事打中我了，感同身受，我希望我弟弟花五秒想一想，我永遠也不能改變那件事了，但我還能改變自己。

是我繼續往前進的時候了，回到我的熱情，回去跑步。

> 我一直在跟自己抗戰，要去跑 100 英里紀念我弟弟，但是沒辦法找到那股「推力」，我必須實現這件事。
>
> 今天，我要 5-4-3-2-1，紀念派翠克 · 史翠普林（Patrick Stripling）。
>
> 非常謝謝你！我會把這個法則傳出去。

「這座山分配給你了，這樣你就可以讓其他人看到，你可以移動大山。」

 James

> 送給我回歸的完美引文，就在我的書桌旁邊，這樣我每天都能看到，並提醒自己我可以移動矗立在我眼前的大山。
>
> #4Patrick （為了派翠克）#StopSuicide（停止自殺）#BeTheVoice（成為那個聲音）#YouAreEnough（你已經很好了）

沒錯，你可以移動大山。不管現在正在發生什麼，就是這樣，這是你的人生，而它不會重來。你沒有辦法改變過去，但在五秒鐘內，你就能改變自己的未來。

　　這就是每天的勇氣的力量，當你的心說話時，榮耀它，5-4-3-2-1，動起來。一瞬間的勇氣可以改變你的一天，一天可以改變你的人生，而你的人生，可以改變這個世界。

　　偉大就在你裡面，揭露它的時間，就是現在。

5-4-3-2-1, 衝了！

心|視野　心視野系列 030

五秒法則：

倒數 54321，衝了！全球百萬人實證的高效行動法，根治惰性，改變人生

The 5 Second Rule: Transform Your Life, Work, and Confidence With Everyday Courage

作　　　者	梅爾‧羅賓斯（Mel Robbins）
譯　　　者	吳宜蓁
總 編 輯	何玉美
主　　　編	林俊安
封 面 設 計	FE 工作室
內 文 版 型	陳仔如
內 文 排 版	黃雅芬

出 版 發 行	采實文化事業股份有限公司
行 銷 企 劃	陳佩宜‧黃于婷‧馮羿勳
業 務 發 行	林詩富‧張世明‧吳淑華‧林坤蓉‧林踏欣
會 計 行 政	王雅蕙‧李韶婉
法 律 顧 問	第一國際法律事務所　余淑杏律師
電 子 信 箱	acme@acmebook.com.tw
采實粉絲團	http://www.facebook.com/acmebook

I S B N	978-957-8950-27-6
定　　　價	新台幣 360 元
初 版 一 刷	2018 年 5 月
劃 撥 帳 號	50148859
劃 撥 戶 名	采實文化事業股份有限公司
	104 台北市中山區建國北路二段 92 號 9 樓
	電話：(02)2518-5198
	傳真：(02)2518-2098

國家圖書館出版品預行編目資料

五秒法則：倒數 54321，衝了！全球百萬人
實證的高效行動法，根治惰性，改變人生 /
梅爾‧羅賓斯（Mel Robbins）著；譯 . -- 臺
北市：采實文化，2018.05
328 面 ; 14.8×21 公分 . -- (心視野系列 ; 30)
譯自：The 5 Second Rule: Transform Your
Life, Work, and Confidence With Everyday
Courage
ISBN (平裝)

1. 成功法 2. 自信 3. 勇氣

177.2　　　　　　　　107004470

The 5 Second Rule: Transform Your Life, Work, and Confidence With
Everyday Courage
Copyright © Mel Robbins 2017
Traditional Chinese copyright © 2018 by ACME Publishing Co., Ltd.
This edition published by arrangement with United Talent Agency, LLC,
through The Grayhawk Agency